Jacqueline Schauer

Poetry Slam im modernen Deutschunterricht

Wie Lehrer mit Slamtexten dem Sprachverfall bei Schülern entgegenwirken können

Bibliografische Information der Deutschen Nationalbibliothek:

Die Deutsche Nationalbibliothek verzeichnet diese Publikation in der Deutschen Nationalbibliografie; detaillierte bibliografische Daten sind im Internet über http://dnb.d-nb.de abrufbar.

Impressum:

Copyright © Science Factory 2019

Ein Imprint der GRIN Publishing GmbH, München

Druck und Bindung: Books on Demand GmbH, Norderstedt, Germany

Covergestaltung: GRIN Publishing GmbH

Inhaltsverzeichnis

Abbildungsverzeichnis

1 Einleitung

Der Verschleiß unserer Sprach- und Schreibkompetenz schwebt drohend über der heutigen Gesellschaft: Experten[1] befürchten aufgrund der verstärkten Kommunikation über Social Media eine regelrechte Sprachkorrosion und ein darauffolgendes Kommunikationsdefizit bei Kindern und jungen Erwachsenen. Die Jugendlichen lesen weniger und mit geringer Motivation. Die Produktion und Rezeption von Texten wird immer mehr digitalisiert und ausgelagert. Der Schreibakt, der außerhalb der Schule, fast gänzlich mittels digitalen Geräten und nicht mehr handschriftlich stattfindet, wird in seiner Qualität und Quantität stark reduziert. Der bisherige Literaturunterricht an Schulen war ein kommunikationsorientierter und sozialisierender. Die Schüler lernten Formalien und Analyseverfahren bezogen auf einen literarischen Kanon oder simulierte Kommunikationssituationen anzuwenden, um bestimmte Kommunikationsfunktionen zu nutzen. Die Tatsache, dass Schreibhandeln sich aber längst nicht mehr nur funktional betrachten lässt, sondern vor allem auch Selbst-, Fremderfahrung und Freude bedeuten kann, wird in der Schule noch zu sehr vernachlässigt und ist einer der Gründe für den herrschenden Überdruss.

Poetry Slam als dynamische und moderne (Pop-) Literatur- und Jugendbewegung hält immer mehr Einzug in der modernen Deutschdidaktik und bietet Chancen, dem Verdruss gegenüber Literatur und dem Sprachverfall entgegenzuwirken. Was aber macht den besonderen Reiz von Poetry Slam für den Unterricht aus? Gerade in unserer heutigen, globalisierten Welt, inmitten von Social Media, Kriegen und Wirtschaftskrisen, Informationsflut, Mobilität, Individualismus und Freiheitsdrang, zwischen einem Überfluss an Möglichkeiten, Unsicherheiten und dem Erstarken extremistischer Parteien, ist es umso wichtiger, dass sich die Schule den gesellschaftlichen und weltpolitischen Veränderungen annimmt und diese in den Unterricht integriert. Das Individuum droht in der schnelllebigen Masse an Informationen und globalisierten Weltbürgern zu versinken. Sollte dies nicht von der modernen Didaktik berücksichtigt und das Individuum mitsamt seinen Ängsten und Bedürfnissen wieder stärker in den Vordergrund gerückt werden? Sollten oder müssen Jugendliche nicht auch im Unterricht die Möglichkeit bekommen, sich mit

---

[1] Aus Gründen der besseren Lesbarkeit verzichte ich auf gleichzeitige Verwendung männlicher und weiblicher Formen bei Substantiven und verwende die männliche Form. Sämtliche Personenbezeichnungen gelten grundsätzlich für beide Geschlechter. Die gängige Abkürzung „SuS" wird verwendet und meint „Schüler und Schülerinnen".

ihrem Selbst- und Weltverständnis stärker auseinanderzusetzen, gesellschaftliche Phänomene oder Alltagserfahrungen zu beschreiben und zu reflektieren? Sind die Jugend- und Internetsprache nicht auch Phänomene, die es wert sind, zu betrachten? Lassen sich die neuen Medien sinnvoll in den Unterricht integrieren und mit neuen Rezeptions- und Produktionsverfahren arbeiten und dabei gezielt den Blick auf Sprache und Sprachgebrauch schärfen? Wie kann die Behandlung von Poetry Slam auf Basis didaktischer Prinzipien und in Einklang mit den Bildungsstandards und Lehrplänen greifen? Wie kann die intrinsische Motivation der Schüler in Bezug auf Literatur gesteigert werden? Die Arbeit zeigt, welche Möglichkeiten Poetry Slam aufgrund seiner Merkmale dem modernen Deutschunterricht bietet, aber auch, auf welche möglichen Grenzen er treffen kann.

Um die Frage zu beantworten, welche Möglichkeiten Poetry Slam im modernen Deutschunterricht eröffnen kann, wird zuerst der Begriff und die Entstehung der Poetry Slam-Bewegung erläutert und auf heutige Entwicklungstendenzen eingegangen. Anschließend werden die Regeln und das Veranstaltungsformat mitsamt seiner Charakteristika beschrieben. Danach wird eine Merkmalanalyse von Slamtexten vorgenommen. Anhand der Basiskompetenzen der Bildungsstandards für die neunte Klasse sowie Auszügen aus dem Lehrplan wird dann das didaktische Potential und die Vereinbarkeit Poetry Slams mit dem Curriculum dargestellt. Anschließend wird der speziell motivierende und identitätsbildende Aspekt von Poetry Slam unter Berücksichtigung seiner inhärenten Merkmale in den Blick genommen. Schlussendlich werden eventuelle Grenzen von Poetry Slam als Unterrichtsgegenstand hinterfragt und ein exemplarischer Unterrichtsentwurf für eine Doppelstunde in der neunten bzw. zehnten Klasse eines Gymnasiums entworfen.

2

2 Forschungsstand

Während freies und personal-kreatives Schreiben schon seit den siebziger Jahren verstärkt behandelt wurde, so fand Poetry Slam, als vergleichsweise junges Phänomen, erst Ende der neunziger Einzug in wissenschaftliche Arbeiten. Schließlich kam Poetry Slam in den letzten Jahren auch in der modernen Deutsch- und Fremdsprachendidaktik an, bis hin zu einer Empfehlung in den Lehrplänen in Berlin und Bremen. Als wegweisend gelten die Arbeiten von Preckwitz, Westermayr und vor allem der Basisartikel von Anders/Abraham (2008). Frau Dr. Petra Anders hat sich wohl am intensivsten mit der Integration Poetry Slams im Deutschunterricht befasst und dazu mehrere Aufsätze, Monographien oder Arbeitsbücher mit konkreten Unterrichtsvorschlägen publiziert, auf die ich Bezug nehmen werde. Abraham und Hochstadt/Krafft/Olsen sowie Spinner haben Poetry Slam ebenfalls in die moderne Deutschdidaktik mitaufgenommen.

3 Poetry Slam – Herkunft und Definition

„Slam ist Vision

Slam ist Wahrheit

Slam ist Literatur

Slam ist Party

Ein Slam kann ein Leben verändern."

Wolfgang Hogekamp (vgl. Anders, 2007 S. 9).

Der Begriff „Poetry Slam" wird üblicherweise mit „Dichterwettstreit" oder „Dichterschlacht" übersetzt (vgl. Abraham/Anders 2008, S. 6) und bezeichnet dementsprechend einen literarischen Wettkampf, bei dem selbstverfasste Texte innerhalb eines zeitlich festgesetzten Rahmens vorgetragen werden, wobei das Publikum mittels Abstimmung über das Weiterkommen der Teilnehmer und schließlich über einen Sieger entscheidet. Den Begriff „Slam" findet man im Englischen zuerst beim Kartenspiel, später beim Tennis und letztendlich im Amerikanischen beim Basketball wieder: Ein „Slamdunk" meint z.B. eine Art den Ball zu versenken (vgl. Leo GmbH). *Slam* meint also so viel wie „zuschlagen", „versenken" oder „knallen". Die gesprochenen Wörter werden also gezielt „versenkt" oder „geschmettert", was den Wettkampf- sowie Performancecharakter des Poetry Slams unterstreicht. Nichtumsonst wird Poetry Slam auch als „Sport am Wort" bezeichnet (vgl. Anders 2007, S. 12). Ähnliche Dichter- oder Rhetorikwettbewerbe wurden schon im antiken Griechenland um 700 ausgeführt und Minne- oder Meistersangwettkämpfe wurden vom Mittelalter bis ins 16. Jhd. in Europa ausgetragen (vgl. Willrich 2010, S. 15 und Abraham/ Kepser 2009, S. 154).

Poetry Slam ist eine Literaturbewegung (vgl. Anders 2012, S. 19), die aus der amerikanischen Sub- und Popkulturszene, vor allem unter Hip-Hop und Jazzeinflüssen, der achtziger Jahre herrührt und in Deutschland zur zweitgrößten Slam-Szene der Welt angewachsen ist (vgl. Anders 2012, S. 21). Im Juli 1986 veranstaltete Marc Smith, Bauunternehmer und Hobbydichter (vgl. ebd., S. 18) in Chicago den ersten namentlichen "Poetry Slam". In den USA zeichnete sich die Szene besonders durch „Jazz-Poetry Slams" aus, bei denen Jazz-Musiker während des Vortrags live improvisierten. In den USA breitete sich der Slam durch „Lollapooza's Spoken Word Revival Tent" aus, ein Projekt, bei dem Poeten mit Bands in einem Zelt durch die USA tourten und den Städten Poetry Slam als Veranstaltungsformat vorstellten, um dabei gleichzeitig ein nationales Netzwerk an Poeten aufzubauen (vgl. Anders 2012, S. 20). In Deutschland lud man in Hamburg und Berlin erstmals Slammer aus den USA zu Lesungen ein und auch das Goethe-Institut in New York trug zur Förderung eines deutschsprachigen Poetry Festival bei. So wurden erstmals in einem Berliner Club "Ex 'n PoP" und einer Münchner Kneipe "Substanz" wiederkehrende Poetry Slams ausgetragen. Im Oktober 1997 organisierte man in Berlin die erste deutsche Slam-Meisterschaft mit nur 15 Poeten. Inzwischen finden in Deutschland regionale sowie alljährlich im Herbst die deutschsprachigen Poetryslammeisterschaften „SLAM" statt, wobei die Schweiz, Österreich und Liechtenstein ebenso teilnehmen. So fanden die deutschen Slam-Meisterschaften 2017 in Hannover statt und die SLAM 2018 wird im Herbst in Zürich gehalten (vgl. Anders 2012, S. 21). Außerdem gibt es U20-Meisterschaften. Die 2004 entstanden U20-Poetry Slams, sind für Jugendliche unter 20 Jahren gedacht[2]. Mittlerweile hat sich das Format Poetry Slam auf verschiedensten soziokulturellen Ebenen etabliert und kann in über 100 deutschen Städten monatlich besucht werden (vgl. Anders 2012, S. 5). In der Vergangenheit zeigte sich hingegen der ursprünglich nicht-kommerziellen Absicht, vereinzelt ein Trend zur Kommerzialisierung. Nichtsdestotrotz bleibt Poetry Slam weiterhin auf das Engagement der Organisatoren, Slammer und kulturellen Institutionen angewiesen (vgl. ebd., S. 19).

Mit der Zeit haben sich verschiedene Formen entwickelt, wie zum Beispiel Dialekt- oder Erotik-Slams, Cover-Slams[3], Gebärden-Slams, Science-Slams oder ‚Dead or Alive - Slams'[4] (vgl. Anders 2012, S. 27 ff.). Beim Live-Poetry werden die Texte unmittelbar vor den Augen der Öffentlichkeit mit Hilfe von Vorgaben aus dem Publikum geschrieben und vorgetragen (vgl. Wirag 2012, S. 485 ff.) Die Tradition des Jazzslams wird auch bis heute noch deutschlandweit fortgesetzt, wie z.B. von den Veranstaltern des „Slamffm" in Frankfurt am Main. Immer mehr Theater- oder Opernhäuser öffnen dem Slam die Türen und bieten, wie auch verschiedenste Festivals, weitere interessante Austragungsorte. Die Poetry Slam-Szene erlebt einen regelrechten Hype. Erste deutschsprachige Slams werden auf Teneriffa, Mallorca oder Malta von deutschen Slam Poeten veranstaltet und auch das Goethe-Institut macht sich Poetry Slam in der DaF/DaZ-Didaktik immer mehr zu Nutze.

---

[2] vgl. www.://u20slam2017.de.

[3] Poeten tragen Texte anderer Slam-Poeten oder Dichtergrößen vor.

[4] Hier begegnen sich Slammer und Schauspieler. Die Slammer, die ihre selbst-geschriebenen Texte vortragen werden als „alive" bezeichnet und die Schauspieler, die hingeschiedene Dichter rezitieren als „dead".

3.1 Poetry Slam - Die Regeln

Generell gilt, dass jeder seine Texte auf der Bühne präsentieren darf, solange er sich an folgende Regeln hält (vgl. Willrich 2010, S. 14 und Anders 2004, S. 16 ff.):

* Die Texte müssen selbstgeschrieben und Zitate gekennzeichnet sein.
* Kleinere Gesangspassagen sind erlaubt, solange sie nicht den Großteil der Zeit einnehmen.
* Die Texte müssen innerhalb eines vorgegeben Zeitrahmens zwischen 5 und 7 Minuten performt werden. Die Zeitangaben variieren je nach Veranstalter.
* Keine Requisiten, außer dem Textblatt, weder Musik noch Kostümierung.
* „Respect the Poet" – gilt für alle Beteiligten.

3.2 Veranstaltungscharakteristika

Im Folgenden werden Rahmencharakteristika des Veranstaltungsformat Poetry Slam dargelegt, um ein besseres Verständnis des Dichterwettstreits zu gewährleisten.

3.2.1 Veranstaltungsorte

Üblicherweise finden Slams in Bars, Kneipen, Nachtclubs oder beispielsweise Jugendhäusern statt. In den letzten Jahren hat sich Poetry Slam allerdings ebenso auf Volksfesten oder Festivals etabliert zum Beispiel auf dem Open Ohr Festival Mainz oder dem Frankfurter Museumsuferfest. Einige Universitäten organisieren Hörsaalslams[5]. Unzählige kulturelle Veranstaltungsstätten, Schauspielspielhäuser („Best-Of-Poetry Slam" in der Frankfurter Oper z.B.), Messen (vgl. die „Textbox" auf der Frankfurter/Leipziger Büchermesse[6]) heißen Poetry Slam auf ihren Bühnen willkommen.

3.2.2 Teilnahmemöglichkeiten

Traditionell meldet man sich als Poet entweder im Vorfeld direkt beim Veranstalter oder kurz vor Beginn beim Moderator an. Bei kleineren Slams werden ein bis zwei Startplätze, sogenannte „Wildcards" für Kurzentschlossene freigehalten. Es gibt aber auch das „offene Mikrofon". Hier kann jeder auch ohne Anmeldung und ohne Jurybewertung auftreten (vgl. Anders 2012, S. 22). Schöne betont: „Der historische

---

[5] www.youtube.com/watch?v=DoxqZWvt7g8.
[6] www.textbox.biz.

Gegensatz von Hochkultur und Subkultur spielt keine Rolle mehr" (Schöne 2009, S. 4). Bei größeren oder renommierten Slams treten wiederrum nur eingeladene und erfahrene Slammer auf.

3.2.3 Der Wettbewerb - Teilnehmerzahl und Runden

Poetry Slam ist als Wettbewerbsformat angelegt. Üblicherweise treten zwischen sechs und zwölf Poeten in zwei bis drei Runden gegeneinander an. Die Slammer tragen zwei bis drei Texte pro Abend vor. Hierbei sind Einzel- aber auch Teamdarbietungen erlaubt (vgl. Anders 2012, S. 25).

3.2.4 Die Moderation und Show

Die Moderatoren, die meist auch Veranstalter zugleich sind, planen und begleiten durch den Abend, stimmen das Publikum ein, wählen die Jury aus und zählen die Punkte aus (vgl. Hedayati-Aliabadi 2017, S. 35). Während der Pause unterhalten meistens ein DJ oder eingeladene Musiker das Publikum.

3.2.5 Die Jury

Eine vier- bis fünf-köpfige, zufällig ausgewählte Zuschauerjury entscheidet über die Darbietung anhand einer je nach Veranstalter variierenden Abstimmungsmodalität. Die Abstimmung geschieht i.d.R. über Punktetafeln (1-10 Punkte). Die niedrigste und höchste Wertung werden dabei gestrichen und so ergibt sich eine Gesamtpunktzahl. Alternativ gibt es andere Abstimmungsmodalitäten, wie z.B. das „Applausometer", wobei anhand der Lautstärke und Dauer des Beifalls entschieden wird. Der Zuhörer kann anhand von Beifall oder ggf. Buh-Rufen seine Meinung vertreten (vgl. Willrich 2010, S. 15).

3.2.6 Der „Featured-Poet" oder das „Opferlamm"

Der „Featured-Poet" tritt bei einigen Veranstaltungen vor Beginn des Wettstreits außer Wertung auf, um das Publikum einzustimmen und, um die Bewertung der Jury einzupendeln (vgl. Hedayati-Aliabadi 2017, S. 26).

3.2.7 Siegerehrung und Preis

Der Sieger mit den meisten Punkten erhält einen symbolischen Preis (vgl. Anders 2012, S. 24). Dies kann in Form von Scherzartikeln, einer Flasche Wein oder auch einer Geschenktüte, die aus Mitbringsel der Zuschauer besteht, sein.

3.2.8 Unterhaltungsfaktor

Poetry Slam ist anders als andere Kunstveranstaltungen „befreit vom Anspruch, hohe Kunst zu sein" (Hildebrandt 2006, S.3 zit. nach Anders 2012, S. 54). Dies bedeutet keinesfalls, dass Poetry Slam nicht als eine Kunstform anzusehen ist oder keine hochwertigen Beiträge liefert, sondern vielmehr, dass er durch seine Formoffenheit ein breites, durchmischtes Publikum sowie unterschiedlichste Themen anspricht. So fühlt man sich schnell „geborgen, inspiriert" und zugleich „angesprochen" (vgl. ebd.). Dabei kann ein Abend komisch, gesellschaftskritisch, satirisch, nostalgisch, (selbst)-reflexiv, dramatisch-pathetisch oder trist zugleich sein (vgl. Anders 2012, S. 5 und Almut 2008, S. 1). Anja Schöne vergleicht Poetry Slam aufgrund seiner Vielfalt an originellen und aktuellen Themen mit dem Überraschungseffekt einer Sneak-Preview im Kino (Schöne 2009, S. 8), da der Zuschauer nicht weiß, was ihn erwarten wird.

3.2.9 Begrifflichkeiten

Die Poetryslamszene hat ein eigenes Vokabular entwickelt. Die Teilnehmenden werden „Slam Poeten" oder „SlammerInnen" genannt (vgl. Abraham & Anders 2008, S. 6). Als „Slam Poetry" werden die Texte betitelt, die bei Slams vorgetragen werden. Außerdem spricht man in dem Zusammenhang auch oft über „Performance-Poesie", „Spoken-Word" oder „Bühnenpoesie" (vgl. Anders 2012, S. 21). Die Veranstalter werden „Hoster" und die Moderatoren „Slammaster" oder „Master of Ceremony" genannt (vgl. Hedayati-Aliabadi 2017, S. 30).

3.3 Merkmale von Slam Poetry

Im Folgen werden inhärente Merkmale von Slamtexten beschrieben. Hierbei werden performerische, sprachliche und inhaltliche Aspekte u.a. in den Blick genommen, die typisch für Slamtexte sind und weitere Besonderheiten aufgezählt, die prägend für das Format sind. Aufgrund der Charakteristka sowie der Merkmale lassen sich didaktische Möglichkeiten und Ziele für den Unterricht herleiten.

3.3.1 Oralität und Klang

Das Hauptmerkmal einer jeden Slam Poetry ist die Oralität (vgl. Anders 2012, S. 25 f.), denn Slamtexte werden geschrieben, um mündlich vorgetragen zu werden (vgl. Willrich 2010, S. 31). Der Slammer hat so eine Doppelrolle als Autor und Vermittler inne (vgl. Hedayati-Aliabadi 2017, S. 30). So wird der „tote" Autor, der nach Barthes beim Schreiben verloren geht (vgl. Gunia 2010, S. 115-118 und vgl. Barthes 1968) auf der Bühne quasi wiedergeboren (vgl. Hedayati-Aliabadi 2017, S. 30). Der Text darf zwar vom Blatt abgelesen werden, allerdings bleibt es nicht beim monotonen Vorlesen. Slammer gestalten ihren Vortrag mittels gezieltem Einsatz von non-[7]sowie paraverbalen Mitteln[8] auf kreative und vielfältige Weise aus. Beim Poetry Slam ist die Inszenierung des Textes vordergründig (vgl. Abraham/Anders 2008, S. 6 f.). Während der Darbietung bilden Stimme und Körper eine Einheit und interagieren auf einmalige und flüchtige Weise miteinander. Slam-Performances sind, wenn nicht medial rezipierbar, unwiederholbar, da sie situativ bedingt sind (vgl. Hedayati-Aliabadi 2017, S. 50). Westermayr spricht hier vom Phänomen der Extemporiertheit (vgl. ebd. und Westermayr 2010, S. 52). Besonders stilprägend ist der lautliche Aspekt des Vortrags. Als markant gilt der fließende Vortragsstil des Poetry Slams. Die bewusst gesteuerten Artikulationstechniken bringen eine dramaturgische Note mit sich (vgl. Anders 2012, S. 46).

> „Ein Slam-Text verzaubert durch das Zusammenspiel von Bild, Klang und Inhalt. Die
> eigene Sprachmelodie und eine sichere, individuelle Bühnenpräsenz sind zentral für
> die Performance [...]" (Xóchil A. Schütz zit. nach Anders 2007, S. 25

Durch den Sprachfluss und den texteigenen Rhythmus klingt Slam Poetry in vielen Fällen melodisch bzw. rap- oder liedähnlich. Einflüsse des Hip-Hops machen sich hier bemerkbar (vgl. Willrich 2010, S. 22). Slam Poetry ist rhythmisch additiv, aggregativ, mehrgliedrig und redundant (vgl. Anders 2012, S. 62). Wort und Klangspiele sind rekurrent (vgl. Anders 2008, S. 7). Typisch ist das Einfügen eines Refrains/Chorus in den Text. Durch die wiederkehrenden Zeilen werden die Texte besonders einprägsam und wiedererkennbar (vgl. Anders 2012, S. 46). Durch Rückgriff auf sprachliche Mittel wie u.a. Aufzählung, Anaphern, Assonanzen, Alliterationen, Repetitionen, Reimstrukturen sowie Onomatopoetika werden die Texte rhythmisch gegliedert. Hierbei wird häufig ein alternierendes, sich bis zu einem Höhepunkt steigerndes Vortragstempo eingesetzt, das zum Ende hin wieder abschwächt (vgl. ebd.). Neben dem Sprechtempo, das eine bewusste Atemtechnik und Setzung von Sprechpausen erfordert, wird mit verschiedenen Stimmlagen gespielt und Dynamiken sowie Erzählformen bewusst ausgeschöpft. Geräuscheffekte können mittels verschiedener Atemtechniken, Gliedmaßen- oder Lippenbewegungen vor und mit dem Mikrofon erzeugt werden, zum Beispiel kann der Poet mit einem Finger auf das Mikrofon tippen, um das Geräusch eines pochenden Herzens oder von

---

[7] non-verbale Mittel: Mimik und Gestik.

[8] paraverbale Mittel: Stimmdynamik, Sprechtempo, Intonation u.a.

Schritten nachzuahmen. Viele Slammer legen eine ausgeprägte oder auch theatra-
lische Mimik und Gestik an den Tag, die den Vortrag unterstützen.

3.3.2 Sprachliche Besonderheiten

Neben den oben schon erwähnten Mitteln wie z.B. Onomatopoetika und Appellen
sind es vor allem Reimstrukturen, Anaphern, Assonanzen, Alliterationen, Vokal-
wechsel (vgl. Poier 2008, S. 50), Hyperbeln, Parallelismen, Chiasmen, Synkopen
(Badger 2010, S. 327), Vergleiche und Metaphern, die häufig in Slam-Texten zu Tage
treten. Nicht weniger häufig sind Exklamationen, rhetorische Fragen (vgl. Anders
2012, S. 46), sowie Metonomyen. Das Erlebte und die Gedanken werden anschau-
lich und durch bildhafte Beispiele untermalt (vgl. Anders 2012, S. 64).

Das Sammeln und Generieren von ähnlichen Begriffen, Markennahmen, Zitaten o-
der medialen Phänomenen wird häufig als Bricolagetechnik angewandt (vgl. Anders 2011, S. 76). Nicht wegzudenken sind deshalb auch Charakteristika der Jugendsprache wie Neologismen, Anglizismen, umgangssprachliche Ausdrücke, El-
lipsen, Hyperbeln und eine argumentative, appellierende oder reflexive Sprech-
weise. Partikel wie „ey" und „ok" beispielsweise, Füllwörter wie „ehm", „halt" oder
auch vulgäre, wie zum Beispiel im Text „Germanistik, du elender Hurenschmock,
danke für gar nichts" von Julian Heun, sind keine Seltenheit Ausdrücke (vgl. Anders
2012, S. 19 und S. 108). Die meisten Slamtexte tragen einen vielsagenden Titel (vgl.
Anders 2012, S. 64). Ein konkreter Titelbezug wird häufig im Verlauf oder am Ende
des Textes hergestellt.

Titelbeispiele

- Letizia Wahl - „In der Regel geht es mir gut" [9]
- Samuel Kramer - „Reinlichkeit und Brecht und Freizeit" (vgl. ebd.)
- Jule Weber - „Wo die Liebe hinfällt, bleibt sie eben nicht liegen"

3.3.3 Persönlichkeitsbezug

Charakteristisch für Slam-Texte ist seine personalisierte Färbung, da der Text meistens in direktem Bezug zum Verfasser steht und sich mit dessen Meinungen oder
direkten Erlebnissen auseinandersetzt. Häufig werden die Texte aus der Ich- Per-
spektive verfasst (vgl. Anders 2012, S. 45). So erhält der Zuschauer einen intimen
Einblick in die Gedanken und Persönlichkeit des Slammers. Gleichzeitig liefert der

---

[9] Der Titel verweist auf die Menstruation.

Slammer so dem Hörer ein Identifizierungsangebot sich mit dessen Ansichten auseinanderzusetzen (vgl. ebd. S. 19 f.). Häufig wird der Text auch in der zweiten oder dritten Person geschrieben, um an den Hörer zu appellieren und sich mit der entworfenen Figur zu identifizieren. „Die Geschichten sind nicht frei erfunden – stattdessen greift der Performer auf eigene Erfahrungen und Träume zurück. So vermittelt er Emotionalität und bezieht das Publikum direkt in seine Welt ein." (Xóchil A. Schütz zit. nach Anders 2007, S. 25).

Titelbeispiele

- Fee - „Wenn schlau das neue schön wäre"
- Laurin Buser - „Gedanken eines jungen Menschen beim Warten auf das Resultat eines Schwangerschaftstest"
- Lucia - „Mathilda"[10]

3.3.4 Aktualität der Themenwahl

Typisch für einen Slam-Text ist es, dass er auf die aktuelle soziale, politische oder kulturelle Realität reflexiv Bezug nimmt und diese kritisiert, überformt oder parodiert (vgl. Anders 2012, S. 5). Hierzu führt Anders einige Titel aus den vergangenen Jahren an: „Ich will keine Kinder, ich will Klone" oder „Raucher stinken" (vgl. ebd., S. 46) oder auch „Colaborateure" von Hanna und Raffael an (vgl. ebd., S. 121). Die WELT betitelt Poetry Slam als „zeitkritische Live-Literatur" (Peters 2001 zit. nach Schöne 2009, S. 12). Einfache Alltagserlebnisse dienen den Vortragenden als beliebte Schreibanlässe. Durch situativ-illustrative Beispiele wird das Erlebte für den Zuschauer nachempfindbar, da er sich mit ähnlichen Empfindungen, Gedanken oder Erlebtem konfrontiert sieht (vgl. Anders 2012, S. 46), sodass er für die Mehrheit zugänglicher und ansprechender als der renommierte Literaturkanon erscheint.

3.3.5 Komik und Ironie

Auffallend häufig begegnet man komischen Texten beim Poetry Slam. Meistens berichten sie von „extraordinären" Alltags-Anekdoten, parodieren eigene Erlebnisse oder politische Verhältnisse. Häufig sind Texte mit doppeldeutigen Klang- und Wortspielen oder Kalauern gepflastert und enden auf eine Pointe (vgl. Anders 2012, S. 47 f.). Die Grenzen zwischen Poetry Slam und Kabarett können hierbei

---

[10] Hierbei geht es um das Schamgefühl junger Mädchen, den Schönheitsdruck und schließlich einen Suizid.

verschwimmen. Viele ursprüngliche Slammer haben sich heute dem Kabarett zugewendet, wie zum Beispiel Marc-Uwe Kling (vgl. ebd.).

Titelbeispiel

- Marc-Uwe Kling - „Egal wie gut du fährst, Züge fahren Güter."

3.3.6 Moralität

Die Texte enden häufig mit einer Pointe, einer Einsicht, einem Appell, einer Aufforderung, Belehrung oder einer Moral und enthalten rhetorische Fragen, die zum Nachdenken und Auseinandersetzen mit dem Thema einladen (vgl. Anders 2012 S. 19 und S. 46).

3.3.7 Genre- und Stilvielfalt

Slamtexte sind als eine Genremischung aus Mündlichkeit, Schriftlichkeit und Performance zu verstehen, wobei diese Teilbereiche stilbildend und nicht voneinander zu trennen sind (vgl. Guse 2014, S. 122). Abraham und Kepser bezeichnen Slam Poetry als ein „Zwitter" aus Mündlich- und Schriftlichkeit (vgl. Abraham/Kepser 2008, S. 168). Westermayr (2010) und auch Rieber (2006) sprechen von Slam Poetry als eigene Gattung. Stahl bezeichnet Slam Poetry als zeitgenössisches Veranstaltungs- und Auftrittsgenre (vgl. Hedayati-Aliabadi 2017, S. 51). Preckwitz sieht Slam Poetry als Cross–Genre, bei dem die Grenze zwischen Lyrik, Prosa und Drama verschwimmt (vgl. Preckwitz 1999, S. 358). Beim Slam können Prosatexte, die lesebühnenartig erzählt werden neben dramatische Formen und Lyrik treten (vgl. Anders 2012, S. 47). Texte werden oft monologisch gestaltet (vgl. Anders 2012, S. 57), aber auch dialogische Formen erfreuen sich vermehrt Beliebtheit. Ein freies Versmaß und unregelmäßige Reimstrukturen sind nicht selten. Es lassen sich jedoch ebenso klassische Versmaße finden (vgl. Abraham/Anders 2008, S. 7). „Slam Poetry ist nur vage den traditionellen Gattungen zuzuordnen, sie enthält vielmehr innerhalb von Einzeltexten bzw. im Genre allgemein eine Verbindung prosaischer, lyrischer und dramatischer Formen." (vgl. Anders 2008, S. 7).

3.3.8 Intertextualität

Mündliche und schriftliche Genres wie z.B. Märchen, Zeitschriftenartikel, Telefongespräche, Radioansagen, Briefe, Gebete, Hymnen oder auch Drehbücher werden bewusst verfremdet oder überzogen wobei Slam Poetry den Stil adaptiert und ihn mit eigenem Inhalt füllt wie beispielsweise die ironisierte Schmährede Lars Ruppels „Ich hasse Kinder", oder „Hymne auf den Abwasch" von Timo Brunke (vgl.

Anders 2012 S. 47, S. 66). Häufig zitieren Slammer Literatur, Medien und Popkultur (vgl. Anders 2017, S. 1). Hedayati-Aliabadi nennt daher auch Intermedialität als Merkmal (vgl. Hedayati-Aliabadi 2017, S. 58). Aufgrund der deutschlandweiten Mobilität der Slammer sind Wörter oder Textmuster wiederkehrend, die einen Bezug zu anderen Slamtexten oder Slammern herstellen (vgl. Anders 2012, S. 47 und S. 65). Bezogen auf die geschichtliche Dimension wird beispielsweise das Thema der griechischen Mythologie von mehr als zwei Dutzend Slam-Texten aufgegriffen. (vgl. Salsflausen 2017).

3.3.9 Die Kürze

Slam Poetry ist aufgrund des vorgegebenen Zeitrahmens von Natur aus nicht länger als 10 Minuten und ist somit als verdichteter „Kurztext" zu sehen (vgl. Willrich 2010, S. 30).

3.3.10 Die gemeinsame Kommunikationssituation

Der Performer und das Publikum befinden sich in einer gemeinsamen Situation. Durch Gestik und Mimik oder z.B. Augenkontakt steht der Performer in Kontakt mit dem Zuhörer und baut eine Beziehung zu diesem auf. Laut Smith und Kraynak (2004) wird der Slammer so Teil des Publikums. Durch das Bewerten der Darbietung entsteht ein Kommunikations- und Vergleichsanlass, der über den weiteren Verlauf des Wettbewerbs entscheidet. Dadurch beteiligt sich das Publikum aktiv am Geschehen und weiteren Verlauf des Formates (vgl. Anders 2011, S. 12).

3.3.11 Interaktion mit dem Publikum durch Anmoderation, Mitmachteile und Bewertung

Die Mehrzahl der Slammer leiten ihre Texte durch eine Titel verkündende und erklärende Anmoderation ein (vgl. Anders 2011, S.33). Hier werden Thema, Gründe, Ort oder Zeit für das Verfassen des Textes genannt oder Bezug auf vorherige Texte genommen.

Nicht selten treten Mitmachtexte in Erscheinung, bei denen das Publikum aufgefordert wird, Begriffe reinzurufen oder einzelne Passagen nachzusprechen.

Die Live-Performance ist einmalig und kann spontane Textveränderungen, eine spezifische Anmoderation, Zwischenrufe oder Reaktionen hervorrufen. Das Publikum wird laut Preckwitz miteinbezogen und gilt als Dialogpartner (vgl. Hedayati-Aliabadi 2017, S. 49). Die Texte sind publikumswirksam gestaltet (vgl. Anders 2017, S. 1).

3.3.12 Mediale Rezeption

Slam Poetry lässt sich in Medien wie Youtube[11] (vgl. Anders 2008a, S. 57) rezipieren. Ein Poetryclip ähnelt in seiner Machart einem Musikvideo.[12] Im TV finden wir Poetry Slam zum Beispiel auf WDR oder Arte[13] (vgl. Anders 2012, S. 39). Slam Poetry kann darüber hinaus auf CD/DVD als Hörprobe, Audiobuch oder Live-Mitschnitt erworben werden.

---

[11] siehe „Poetry Slam TV" oder unter „Poetryclip".
[12] vgl. www.youtube.com/watch?v=_cEatJrOxuo.
[13] vgl.www.wdr.de/tv/poetryslam.

4 Möglichkeiten von Poetry Slam im modernen Deutschunterricht: Optimale Kompetenzförderung am Beispiel der Bildungsstandards und des Lehrplans

Poetry Slam wurde erstmals in den Rahmenlehrplänen von Berlin und Bremen vorgeschlagen (vgl. Anders 2011, S. 71). Dennoch finden wir bis jetzt kaum eine Verankerung in anderen Bundesländern. Die Nachfrage nach Poetry Slam-Projekten und Workshops scheint in den letzten Jahren dennoch stetig zu wachsen (vgl. ebd.). Die neuere Deutschdidaktik betont die Wichtigkeit, kommunikative Kompetenzen im Unterricht gezielter auszubauen: „Schüler müssen die Möglichkeit haben, ihre eigenen kommunikativen Fähigkeiten im Unterricht zu erproben und weiterzuentwickeln." (Hochstadt, Krafft, Olsen 2013, S. 17). Die in den Bildungsstandards für die Jahrgangstufe 9 genannten Kompetenzen lassen sich allesamt durch die Arbeit an Slam Poetry und Slam-Performances abdecken (siehe Abb. 1):

Sprechen und Zuhören	Schreiben	Lesen – mit Texten und Medien umgehen
• zu anderen sprechen • verstehend zuhören • Gespräche führen • szenisch spielen • über Lernen sprechen	• über Schreibfertigkeiten verfügen • richtig schreiben • Texte planen • Texte schreiben • Texte überarbeiten	• über Lesefähigkeiten verfügen • über Leseerfahrungen ve rfügen • Texte erschließen • Texte präsentieren

Methoden und Arbeitstechniken
Methoden und Arbeitstechniken werden jeweils in Zusammenhang mit den Inhalten jedes einzelnen Kompetenzbereichs erworben.

Sprache und Sprachgebrauch untersuchen
• grundlegende sprachliche Strukturen und Begriffe kennen
• sprachliche Verständigung untersuchen
• an Wörtern, Sätzen, Texten arbeiten
• Gemeinsamkeiten und Unterschiede von Sprachen entdecken

Abb. 1: Bildungsstandards im Fach Deutsch für den Mittleren Schulabschluss (vgl. Sekretariat der Ständigen Konferenz der Kultusminister der Länder in der Bundesrepublik Deutschland, 2004)

Dabei betont der Lehrplan für Rheinland-Pfalz

- die Berücksichtigung der veränderten Situation von Kindern
- die Überprüfung eventuell vorhandener Rollenfestlegungen
- eine stärkere Gewichtung methodischer und sozialer Kompetenzen
- das Einarbeiten von medienerzieherischen Aspekten
- eine Verstärkung der interkulturellen Erziehung im Hinblick auf Europa und die Eine Welt
- eine Verstärkung der Umwelterziehung unter dem Aspekt der Mitwelt

(vgl. Ministerium für Bildung, Wissenschaft und Weiterbildung, Mainz, 1998 S. 3)

Der Lehrplan für die 9./10. Klasse für die Sekundarstufe I sieht folgende Ziele für den Deutschunterricht in dieser Stufe vor, die mittels Poetry Slam und dank seiner Natur vollständig erreicht werden können:

> „[...] Ziel des Deutschunterrichtes in dieser Stufe ist es deshalb u.a., die sprachlichen Kenntnisse, Fähigkeiten und Fertigkeiten der Schülerinnen und Schüler so weit aus-zubauen, dass sie befähigt werden, am politischen, kulturellen und wirtschaftlichen Leben sowie an den gesellschaftlichen Auseinandersetzungen altersentsprechend zu partizipieren. Der Deutschunterricht unterstützt diesen Entwicklungsprozess, indem er
>
> - die Fähigkeit zur Analyse fremder Texte und sprachlicher Äußerungen anderer so-wie die Planung und Ausgestaltung eigener Texte und Beiträge in Kenntnis der sprachlichen Konventionen stufenadäquat vertieft und ausweitet (schließlich setzt die Teilnahme an der gesellschaftlichen Diskussion die Fähigkeit zur Reflexion über Verstehens- und Verständigungsprozesse voraus);
>
> - den selbstständigen Umgang mit literarischen Texten in den unterschiedlichsten Vermittlungsformen fördert. (Spezifische Erkenntnismöglichkeiten sollen den Ju-gendlichen in dem Spannungsverhältnis von Abbild und Gegenentwurf der Wirklich-keit deutlich werden. Dadurch wird angestrebt, die mögliche Funktion der Literatur für sich selbst und die Gesellschaft zu erfahren.)" (Ministerium für Bildung, Wissen-schaft und Weiterbildung, Mainz, 1998 S. 15).

4.1 Förderung des Kompetenzbereichs *Sprechen und Zuhören*

Das Hören und Sprechen von und über Slamtexte lässt sich als handlungsorientier-ter Unterricht einordnen. Die moderne Fachdidaktik ist sich einig, dass im Bereich Sprechen und Zuhören ein handlungsorientierter Ansatz die nachhaltigsten Effekte mit sich bringt (vgl. Hochstadt, Krafft, Olsen 2013, S. 32), denn „Sprechen lernt man nur durch Sprechen." (Wagner 2006, S. 748 zit. nach ebd.). Durch die Oralität von Poetry Slam werden SuS aktiv aufgefordert, ihre kommunikative Kompetenz zu trainieren. Im Hinblick auf die kollektive Gesprächssituation lernen SuS sich adressatenorientiert auszudrücken (Deixis, Themenwahl, Sprachregister, Publikumskontakt, Anmoderation u.a.). Slam Texte variieren teilweise in Abhängigkeit ihres Auftrittsortes im Hinblick auf die regionale Hörerschaft und „Zielgruppenspezifik" (vgl. Anders 2012, S. 47). Die Lernenden lernen so das Publikum und seine Vorlieben einzuschätzen (Anders 2011, S. 69).

Durch das Einsetzen rhetorischer, non-verbaler und paraverbaler Mittel lernen sie Wirkung und Funktionen von Sprache kennen und nutzen diese beim Sprechen bzw. „Performen" bewusst als Handwerkszeug. Mittels exemplarischer Untersuchung von Textstrukturen sowie Sprachfunktionen lernen die Lernenden dieses Wissen bewusst in verschiedenen Kommunikationssituationen zu aktivieren und zu variieren (vgl. Abraham/Anders 2008, S. 9.). Das Vortragen, Überarbeiten und Produzieren eines selbstverfassten Slamtextes lösen in den meisten Fällen positive Erfahrungen beim Schüler aus und steigert seine Motivation bezogen auf das Sprachhandeln, was wiederum seine Sprachkompetenz positiv beeinflusst und Leselust weckt (vgl. Anders 2012, S. 104). Dabei können Stimmführung, Sprecherintention und die Adressatenorientierung verglichen und analysiert werden (vgl. Anders 2012, S. 105). Durch das Erlernen von Rede- und Vortragstechniken werden die Kompetenzen *Moderieren und Präsentieren* erarbeitet.

Das aktive *Sprechen und Zuhören* bei einem Poetry Slam fördert die Entstehung eines sog. „Flow-Zustandes" (vgl. Csikzentmihalyi 1985, 1992 und 1993) für Publikum und Poeten gleichermaßen (vgl. Gölitzer 2008, S. 36). Die Handlung wird hierbei zum Ziel und ist nicht leidglich Voraussetzung für das Erreichen eines Zieles (vgl. Domke, Eschrig, Kowalzik, Krause o.J., S. 2). Das Gefühl des Fließens, der Hingabe, des völligen Aufgehens in dieser Handlung, nennt man „Flow–Zustand" (vgl. Domke, Eschrig, Kowalzik, Krause o.J., S. 4 nach Csikzentmihalyi). So könne laut Gölitzer Poetry Slam für die Schüler zu einem Flow-Erlebnis werden. Das Sprechen über literarische bzw. poetische Texte führt darüber hinaus zu einer vertiefenden distanzierteren und analytischen Betrachtung jener Texte in ihrer Strukturiertheit sowie in ihrer historisch- kulturellen Dimension (vgl. Gölitzer 2008, S. 36). Welt- und Handlungswissen werden somit geschult.

Das aktive *Zuhören und Verstehen* wird beim Slam besonders gefordert, denn die Schüler rezipieren einen Slamvortrag aufgrund seiner Lebensnähe, Verdichtung und Originalität aufmerksamer. Unbekanntes, Neues oder auch der Wettbewerb werden als Herausforderung erlebt, denn auf diese Weise werden die Grenzen der eigenen Leistungsfähigkeit erfahren und erweitert (vgl. Domke, Eschrig, Kowalzik, Krause o.J., S. 3). Sprachliche Einheiten, Kernelemente des Textes sowie Schlüsselwörter können leichter erfasst werden und prägen sich nachhaltiger ein (vgl. Anders 2012, S. 103). Durch die Repetitionen werden außerdem akustische Rezeptionsprobleme gemindert und der Text kann so leichter behalten werden (vgl. Anders 2011, S. 27). Somit wird auch der Wortschatz trainiert (vgl. Anders 2012, S. 103). Durch die Möglichkeit der schriftlichen und mündlichen bzw. audiovisuellen Rezeption, werden akustische, visuelle, haptische oder kognitive Lerntypen angesprochen. Die Schüler können so verschiedene Rezeptionsvarianten kennenlernen und die unterschiedlichen Rezeptionserlebnisse[14] vergleichen und über ihre Erfahrungen und das Lernen sprechen (siehe Abb. 1 und vgl. Anders 2012, S. 103). Das erworbene sprachliche Wissen kann dann fachübergreifend und in außerschulischen Kontexten genutzt werden und trägt zu einer aktiven Teilhabe an der Gesellschaft bei.

4.2 Förderung des Kompetenzbereichs *Schreiben*

Die moderne Deutschdidaktik spricht nach wie vor von einer zu rigiden Formalisierung des Schreibunterrichts, die zu einer Ablehnung seitens der Schüler führe (vgl. Hochstadt/Krafft/Olsen 2013, S. 46). Laut der DESI-Studie seien ein Drittel der Neuntklässler unfähig einen verständlichen Text zu produzieren (vgl. ebd.). Nur 13 % schaffen es, einen Text zu verfassen, der „stilistisch anspruchsvoll, abwechslungsreich in der Wortwahl und konsequent logisch aufgebaut" ist (vgl. Deutsches Institut für Internationale Pädagogische Forschung 2006, S. 8.). Das Verfassen von Slam Poetry kann hier ansetzen und zu einer verbesserten Schreibkompetenz führen. Der Schreibprozess ist ein komplexer und bedarf einem geeigneten Aneignungsprozess, der durch Poetry Slam auf eine zugängliche Art und Weise vermittelt werden kann. Die integrative Schreibdidaktik nach Fix (2008) spricht sich dafür aus, dass ein kompetenter Schreiber je nach Kommunikationsanlass produktbezogen, leserbezogen oder prozessbezogen arbeiten können sollte (vgl. Hochstadt/Krafft/Olsen 2013, S. 47). Beim Verfassen von Slam Poetry können all diese Ebenen berücksichtigt werden: Da ein Slamtext für eine real existierende Öffentlichkeit geschrieben wird, findet der Adressatenbezug eine verstärkte

---

[14] Das Hören, Lesen und Sehen.

Beachtung. Beim Verfassen eines Slamtextes durchlaufen die SuS alle Phasen des Schreibprozesses[15]. So können Schreibstrategien und Revisionstechniken eingeübt werden.

Die Imitation von Genres ist im Poetry Slam gängig und kann im Unterricht beispielsweise als *produktorientiertes* Schreiben genutzt werden. So können verschiedene Textsorten nach unterschiedlichen Gattungskriterien gestaltet werden (Hochstadt/ Krafft/Olsen 2013, S. 82). Böttcher und Becker-Mritzek beziehen sich auch hier auf die Einbindung von Textsorten, die in der Realität Verwendung finden (vgl. ebd., S. 83). Poetry Slam bietet hier beste Voraussetzungen. Die Entwicklung einer Dramaturgie bzw. der Spannungsaufbau können durch Poetry Slam leicht erprobt werden (vgl. Anders 2011, S. 96).

Nach der *leserorientierten* Schreibdidaktik soll Schreibhandeln bestenfalls realen und authentischen Kommunikationssituationen folgen (vgl. Hochstadt/Krafft/Olsen 2013, S. 91). Da es sich bei Slamtexten häufig um Alltägliches, Erlebtes, Gefühle und Meinungen zu aktuellen Themen des Verfassers handelt, bieten sich diese als authentische Kommunikationssituationen an. Schreiben soll weiterhin der „Erkenntnisbildung und Welterschließung" dienen und somit den sozialen, ästhetischen und persönlichen Aspekt miteinbeziehen (vgl. ebd.). Auch hier erscheint das Verfassen von Slamtexten als geeignetes Mittel zur Identifikation, Identitätsbildung sowie zur Ausbildung eines reflexiven Selbst-und Fremdverstehens. Hierauf wird im fünften Kapitel noch näher eingehen.

Schreiben wird von Reichen (2001) zudem als Grundlage des Lesenlernens gesehen (vgl. Hochstadt/Krafft/Olsen 2013, S. 50). Das Konzept *Lesen durch Schreiben* stellt selbstgesteuertes, individualisiertes Lernen in den Mittelpunkt und betont einen „aktiven, produktiven, selbstbestimmten Umgang mit Schrift." (Reichen 2001, S. 105 zit. nach Hochstadt/Krafft/Olsen 2013, S. 50). Reichen unterstreicht die Wichtigkeit, ausdifferenzierte Schreibanlässe zu schaffen. Dank der Genre- und Themenoffenheit, die Poetry Slam bietet, können unterschiedlichste Schreibanlässe geschaffen und damit ein individualisiertes Lernen ermöglicht werden, was schließlich zu einer verbesserten Schreib- und Lesekompetenz führt (vgl. ebd., S. 52). Auch die Rechtschreibung und Grammatik können durch das Verfassen von Slam Poetry geschult werden, denn orthographische Kompetenz geht mit anderen Kompetenzbereichen, vor allem der Textproduktion einher (vgl. ebd., S. 44). So

---

15 Gemeint sind planen, formulieren und bearbeiten.

können Lernende Wort- und Satzbau leichter verstehen und Funktionen von Wortarten oder rhetorischer Mittel erfahren. Sie können Wörter spielerisch nach Inhalt und Klang zerlegen und formen und so einen geschulten Blick für morphologische Besonderheiten der deutschen Sprache erhalten. Es können ferner auch schriftliche Erörterungen, z.B. über Poetry Slam und seinen Wettbewerbscharakter, geschrieben werden (vgl. Anders 2012, S. 47) und somit auch ein formalorientiertes, reflexives Schreibhandeln trainiert werden.

4.3 Förderung des Kompetenzbereichs *Lesen - mit Texten und Medien umgehen*

Was die Lesekompetenz betrifft, so erreichten laut DESI nur 10% der Schüler die mittlere Niveaustufe „Verknüpfende Lektüre" und nur 6 % die höchste Niveaustufe „Auswerten mentaler Modelle" (vgl. Deutsches Institut für Internationale Pädagogische Forschung 2006, S. 5). Die PISA-Studie stellte eine auffällig geringe Lesemotivation bei deutschen Schülern fest. Gottfried (1985) stellte in seiner Studie die Wichtigkeit der Motivation bei der Steigerung der Lesekompetenz dar. Die Lesemotivation beeinflusst die Lesefrequenz, die nicht selten ein Indiz für Lesekompetenz ist. Besonders die intrinsische Motivation und das thematische Interesse sind hierbei Faktoren, die die Kinder zum Lesen animieren. Strebow und Schiefele (2004) sprechen sich ebenso für einen schülerorientierten und handlungs- bzw. projektbezogenen Leseunterricht aus, der vermehrt Wert auf die Einbindung emotionalkognitiver Unterrichtsgegenstände legt (vgl. Streblow 2004, S. 280 f.) und einen Praxisbezug herstellt. Das Vorlesen und Sprechen ist eine sinnliche Erfahrung, die laut Spinner die Grundlage ästhetischer Erfahrung bildet (vgl. Hochstadt/Krafft/Olsen 2013, S. 107).

Der Tatsache, dass männliche Jugendliche weniger lesen, kann Poetry Slam positiv entgegenwirken (vgl. Anders 2011, S. 2). An U20-Poetry Slams nahmen bisher zum Beispiel mehr männliche Jugendliche teil (vgl. ebd.). Die Besonderheit des Formats Poetry Slams liegt darin, dass die Texte mündlich oder schriftlich sowie medial rezipiert werden können. Hierdurch kann die Lese- sowie Medienkompetenz in ausreichendem Maße geschult werden und unterschiedliche Lerntypen finden Freude am Lernprozess. Neben dem oben erwähnten Prinzip *Lesen durch Schreiben*, üben sich Schüler darin schriftlich oder medial rezipierte Slamtexte zusammenfassend wiederzugeben und können verschiedene Lesestrategien im Unterricht kennenlernen und anwenden. Sie lernen dabei die Textanalyse und das kritische Lesen und Reflektieren eines fremden Textes.

Die intensive Mediennutzung von Jugendlichen in ihrer Freizeit bestätigt die Relevanz einer Mediensozialisation und -kompetenz im Unterricht (vgl. Barsch 2006, S. 71). Der audio-visuelle Aspekt findet sich auch bei Poetry Clips oder Live-Performances wieder. Die Schüler können nicht nur Poetry Clips anschauen, analysieren und beurteilen, sondern selbst auch Poetry Clips drehen oder ein Hörbuch aufnehmen oder ein Storyboard zu einem Poetry Clip schreiben (vgl. Anders 2012, S. 301), was großen Spielraum für einen methodisch anspruchsvollen und ausdifferenzierten Unterricht bietet. Poetry Slam trägt so zur Ausbildung einer Medienkompetenz bei, indem sich reflexiv und kritisch mit Medien befasst wird. Die mediale Plattform, die Performance und Selbstdarstellung, die mediale Inszenierung bis hin zur Montage oder Kameraführung und schließlich der Umgang mit Medien und allgemeines Medienwissen können hier u.a. thematisiert werden. Hier schließt sich die szenische Interpretation zum Umgang mit Texten und Medien mit Sprech- und Körperhaltungsübungen, Klangrealisationen, Raumbeschreibungen, bildnerischer Gestaltung oder mimisch-gestische Gestaltung oder Analysen aus der Filmdidaktik an (vgl. ebd. S. 161 und S. 176 ff.).

4.4 Förderung des Kompetenzbereichs Sprache und Sprachgebrauch untersuchen

Durch die Analyse, Bewertung und Reflexion sowie Produktion und Präsentation bzw. die Performance von Slam Poetry wird den Schülern ein analytisch-kritisches Nachdenken über Sprache und Sprachgebrauch vermittelt (vgl. Anders 2011, S. 3). Anhand von Slamtexten können die Bedeutung, der Effekt, sowie das bewusste Verwenden von stilistisch-rhetorischen Mitteln in unterschiedlichen Kommunikationssituationen und zu verschiedenen Kommunikationsanlässen eingeübt werden. Die Lernenden können mittels der Rezeption und Produktion von Slam Poetry die Funktionen von Sprachregistern, Wortarten, und Satzgliedern erkennen und nutzen sowie Sprecherintention, Adressatenbezug, Präsentationstechniken inklusive non- und paraverbaler Mittel in ihrer Funktion und Wirkungsweise erproben, vergleichen und analysieren. Merkmale der Alltags- und Jugendsprache können in Slam Poetry untersucht und Sprache in ihrer historischen und gesellschaftspolitischen Entwicklung betrachtet werden. Der Fokus kann auch auf Mehrsprachigkeit oder auf Varietäten des Deutschen und seine Mundarten gelegt werden, z.B. anhand der Slammerin Mia Pittroff oder durch Slambeiträge aus Österreich oder der Schweiz (vgl. Anders 2011, S. 109).

5 Poetry Slam als Mittel zur Motivation und Identitätsbildung

Unzweifelhaft gilt die literarische Textrezeption und -produktion, vor allem Lyrik, bei den Schülern als eher unbeliebt (vgl. Anders 2011, S. 1 und Abraham/Kesper 2009, S. 150). Die Schüler leiden zudem häufig an massivem Motivationsverlust und Leseunlust. Poetry Slam trägt aufgrund seines performativen Charakter im erheblichen Maße zur Steigerung der intrinsischen Motivation der Lernenden bei und bietet Identifikationspunkte, was sich beflügelnd auf den Umgang mit Literatur im Allgemeinen auswirkt und zu einer Verbesserung der schulisch geforderten Kompetenzen führt.

5.1 Der performative Charakter Poetry Slams

Poetry Slam ist zu einem wichtigen Teil der Jugendkultur geworden (vgl. Anders 2011, S. 2). Beim Besuch eines Slams oder der Sichtung eines Poetry Clips sind die Jugendlichen auf die Inszenierung gespannt (vgl. Anders 2012, S. 103). Diese Spannung wirkt automatisch motivations- und aufmerksamkeitssteigernd. Barsch betont die lernfördernde motivational-emotionale Komponente einer Medienrezeption und beschreibt die „medienbezogene Genussfähigkeit" als eine der Dimensionen von Medienkompetenz (vgl. Barsch 2006, S. 68 f.). Das Medium Youtube, auf dem etliche solcher Clips zu finden sind, weist einen lebensnahen Bezug zu den Schülern auf. Die Kürze von Slamtexten führt dazu, dass die Schüler nicht von dem Umfang des Werkes „abgeschreckt" werden und „zwingt" den Hörer zum aktiven Zuhören und den Leser zu einer exakten Lektüre, da im Nachhinein eine Bewertung erwartet wird (vgl. Anders 2011, S. 12). Mangelnde Motivation und Desinteresse im Literaturunterricht werden häufig auf Verständnisprobleme und mangelndes Textwissen (vgl. Anders 2012, S. 104) zurückgeführt. Diese können jedoch durch den Performancecharakter behoben werden. Dank der Live-Performance wird Literatur, im Gegensatz zur passiven Lektüre, so wieder lebendig.

> „Poetry Slam gibt dem Gedicht die Energie zurück, die es beim Schreiben verloren hat."
>
> (Stahl 2003, 262, zit. nach Anders 2012, S. 48).

Schüler sitzen hierbei nicht vor Texten, die vor langer Zeit in umständlicher Sprache geschrieben wurden, sondern können dem Autor beim Sprechen auf die Lippen schauen. Der Autor und sein Sprechgegenstand werden greifbar. Hierbei wird das Publikum Teil der Performance (vgl. Hedayati-Aliabadi 2017, S. 33 f.). Der Hörer nimmt unweigerlich eine Haltung zu dem Gehörten ein. Kreutzner bezeichnet das

Publikum daher auch als „Präsenzpublikum" (vgl. Kreutzner 2003, S. 351 nach Hedayati-Aliabadi 2017, S. 33). Kreutzner stellt die Teilhabe am Geschehen für das Präsenzpublikum als prägend heraus: „Der Unterschied zwischen bloßer Rezeption und der Teilhabe eines Präsenzpublikums besteht insbesondere darin, daß letzterem ein Spektrum von Ausdrucks- und Handlungsmöglichkeiten zur Verfügung steht. Diese sind per Konvention bzw. Kodifizierungen die jeweilige kulturelle Form gebunden und haben kollektiven Charakter." (vgl. Kreutzner 2003, S. 353 nach ebd.). Die Live-Performance bleibt einmalig und unwiderruflich, sodass der Hörer zugleich Rezipient als auch Ko-Autor ist, da der Text erst durch ihn interpretiert werden kann (vgl. Kreutzner 2003, S. 354 nach Hedayati-Aliabadi 2017, S. 34 f.). Die Sprecherintention kann durch den Einsatz von para- und non-verbalen Mitteln besser verstanden, die Emotionen sogar nachempfunden werden.

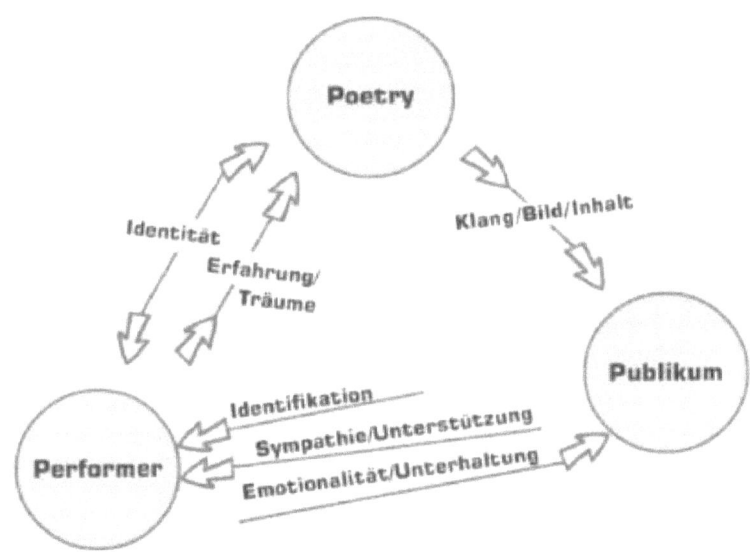

Abb. 2: Kommunikationsdreieck (vgl. Anders 2007, S. 25)

Durch die Repetitionen und die vergleichsweise einfache Struktur werden akustische Rezeptionsprobleme gemindert und der Text wird so leichter behalten und verstanden (vgl. Anders 2011, S. 27). Globales, selektives und reflektierendes Hörverstehen werden trainiert (vgl. Anders 2011, S. 105). Eine direkte Publikumsansprache bzw. Adressatenorientierung oder gar Blickkontakt tragen zusätzlich dazu bei, dass sich der Hörer mit dem Inhalt identifizieren kann (vgl. Anders 2012, S. 103). Der Sprecher stellt durch die Anmoderation Andockpunkte für das Verstehen des Textes und eine persönliche Ebene zwischen ihm und den Hörern her (vgl.

Anders 2012, S. 69). Somit findet eine Identifikation zwischen dem Textinhalt, dem Performer und dem Publikum statt (siehe Abb. 2).

Die klanglich-rhythmische Komponente von Poetry Slam-Performances bietet einen besonders interessanten und ansprechenden Zugang für die Lernenden. Kinder sind schon im frühen Alter besonders empfänglich für rhythmische Figuren, auffällige Wörter, Parallelismen und Wiederholungen (vgl. Spinner 1984, S. 19). Laut Spinner geht der der Spaß an einfachen Sing- und Reimspielen mit ca. dreizehn Jahren zurück, denn die Jugendlichen interessieren sich zunehmend auch für die inhaltliche Seite, besonders wenn ihre gegenwärtige Wirklichkeit satirisch oder ironisch in Frage gestellt wird (vgl. ebd., S. 13). Da Poetry Slam nicht nur mit Sprache spielt, rhythmisch klingt und Reimstrukturen aufweist, sondern sich auch inhaltlich mit lebensweltlichen und gesellschaftlichen Themen kritisch auseinandersetzt oder gar zur Handlung auffordert (vgl. Anders 2011, S. 103), ist Poetry Slam als besonders geeigneter Zugang für Lernende zu betrachten.

> „Literarisches Verstehen gelingt dann auf angemessene Weise, wenn subjektives Angesprochensein und genaue Textwahrnehmung in einer Balance sind."

(Spinner 2005, S. 4).

5.1.1 Ganzheitlichkeit und Mehrdimensionalität

Poetry Slam wird dem Prinzip des *Ganzheitlichen Lernens* gerecht: „Ganzheitliches Lernen ist Lernen mit allen Sinnen, Lernen mit Verstand, Gemüt und Körper." (vgl. Klippel 2000, S. 242). Pestalozzi sprach sich schon im frühen 19. Jahrhundert für ein Lernen „mit Kopf, Herz und Hand" aus (vgl. Völkerling 2017). Bei der Behandlung von Poetry Slam im Unterricht könnte man den Lernprozess folgendermaßen auf Pestalozzi übertragen:

- Kopf: Schreibprozess, Rezeption, Analyse, Bewertung
- Herz: Ausdruck von Identität und Emotionalität
- Hand: para- und non-verbale Aspekte, Vortrag

Durch die Miteinbeziehung von Poetry Slam im Unterricht oder durch die Durchführung eines Slamprojektes können den Lernenden im Sinne des mehrdimensionalem Lernens (vgl. Warwitz/Rudolf 1977, S. 16 ff.) mehrere Lerndimensionen zur Verfügung gestellt werden. Durch die verschiedenen Lerndimensionen lernt das Kind auf eine „natürliche" Weise, wodurch die Lerneffizienz und -freude wächst. In Anbetracht der verschiedenen Lerntypen erweist sich das Kombinieren mehrerer Lerndimension vorteilhaft für die variablen Lernvoraussetzungen der Lernenden.

So wird durch die breite Fächerung des Aneignungsprozesses das Wissen profunder und nachhaltig verankert. Die Bandbreite möglicher Methoden, der wir beim Einsatz von Poetry Slam begegnen, gestaltet den „natürlichen" Lernprozess der Schüler abwechslungsreich und schülerorientiert. Warwitz und Rudolf begründen ihre Theorie auf dem natürlichen Lernprozess nicht-verschulter Kinder, wonach diese sich ihr Wissen durch eine Folge sich stetig alternierender und miteinander kombinierbarer Lernprozesse aneigne, die folgendermaßen auf Poetry Slam übertragen werden können (vgl. ebd.):

- Sensorisches Lernen: → Hören/Sehen eines Live-Slams/Poetryclips
- Observatives Lernen: → Hören/Sehen eines Live-Slams/Poetryclips
- Motorisches, manuelles Lernen: → eigene Slam-Performance erproben, Clip drehen, gesammelte Texte als Hörbuch einsprechen
- Analytisch-verstehendes Lernen: → sprachliche und inhaltliche Analyse von Text (Sprache und Inhalt), Performance und Inszenierung, Wertungsanalyse am eigenen oder fremden Text
- Eidetisches, mentales Lernen: → Rezeption von Slamtexten, Nachvollziehen sprachlicher Bilder, Sprechen über die Rezeption oder das Lernen
- Emotional-affektives Lernen: → Rezeption: sich Hineinfühlen in fremde Gefühlswelten, Produktion: Auseinandersetzung mit der eigenen Gefühlswelt, Präsentation: Einsatz von Emotionen, Sprechdynamik, Gestik
- Sozial-affektives Lernen: → kollektives Rezeptionserlebnis, gemeinsam abstimmen, diskutieren, Texte teilen, gemeinsam Texte kreieren, organisieren, rückblickend reflektieren

5.1.2 Poetry Slam als außerschulischer Lernort

Poetry Slam gehört zur „Gegenwartskultur" der Jugendlichen (vgl. Anders 2012, S. 6). Bei einem Poetry Slam-Besuch mit der Schule oder in der Freizeit können die Schüler die vorhandenen und gelernten Kompetenzen in einem außerschulischen Kontext anwenden und ihren Horizont erweitern. Durch das Anwenden von Wissen in außerschulischen Kontext, verfestigt sich dieses umso mehr. Die Trennung vom „strengen" Klassenzimmer kann befreiend sein, denn Slam wird erst in seinem „natürlichen" Umfeld „lebendig". Ein Poetry Slam-Besuch erscheint so unabdingbar und kann während oder nach Abschluss der Unterrichtseinheit als außerschulische Aktivität geplant werden, um „die kulturelle Praxis geltend zu machen". Eine Option stellt das Einladen eines „echten" Poetry-Slammers in den Unterricht dar. Zu bemängeln ist hierbei das Fehlen von fachdidaktisch-methodischem Wissen der Slammer. Gleichzeitig warnt Anders der Deutschunterricht solle nicht als Probebühne dienen und Workshops nicht zu sehr verschult werden. Es sei also besonders wichtig, eine gute Verflechtung zwischen schulischen und außerschulischen Lernorten zu schaffen (vgl. ebd., S. 14). Aus den Gründen ist es ratsam, ein eigenes schul- oder klasseninternes Poetry Slam-Projekt als Alternative zum Besuch eines Poetry Slams im Sinne der Handlungsorientiertheit und der Ganzheitlichkeit zu planen. Poetry Slam kann weiterhin vor, während und nach Abschluss der Unterrichtseinheit eigenständig als Zuschauer oder auch aktiv als Slammer verfolgt werden. Die Möglichkeit der außerschulischen Beteiligung dient so als Ansporn.

Lehrplanbezug

- Einbezug außerschulischer Experten, Autoren und Künstlern und Teilnahme an „außerschulischen Diskussionen"

- „kulturelle Praxis" durch Lesungen/Aufführungen

(vgl. Ministerium für Bildung, Wissenschaft und Weiterbildung, Mainz, 1998 S. 48 ff.)

5.2 Aktualität, Authentizität und Offenheit

Herrschte bisweilen im Literaturunterrichts eine Simulationssituation vor, in der die Schüler aufgefordert werden, Briefe an Pseudo-Adressaten oder Tagebucheinträge zu verfassen, besteht beim Verfassen von Slam Poetry die Möglichkeit, von einer realen oder einer Pseudosituation zu berichten und sich dabei an reale oder an Pseudo-Adressaten zu wenden. Die simulierte, irreale Situation bei der Textproduktion in Schulen kann nämlich, so realitätsnah sie auch erscheint, stark demotivierend wirken, da sie durch zu starke Normorientiertheit, Formalisierung und

Pseudo-Anlässe und -Adressaten zu einseitig erscheint (vgl. Steiner 2007, S. 70). Die beim Poetry Slam gegebene Adressatenorientierung und Lebensnähe führen zu einer Steigerung der Motivation und der emotionalen Betroffenheit, die sich positiv auf das Lernverhalten und den Lernerfolg der Schüler auswirkt. Zentral für die Motivation des Schülers ist also, nach der kommunikationsorientierten Didaktik, ein realer Adressatenbezug und ein Schreibziel, das er in diesem Zusammenhang erreichen möchte Ist dies gegeben, so erscheint dem Schüler die Schreibaufforderung nicht mehr als von außen vorgegeben. Spinner betont dennoch die Einseitigkeit der kommunikationsorientierten Ausrichtung und kritisiert den hier zugrunde liegenden Sozialisationszwang der Institution Schule. Er plädiert für eine schülernahe Didaktik, welche die Identitäts- und Selbstentwicklung im Schreibakt berücksichtigt (vgl. Spinner 1980, S. 67 ff.).

Die im Poetry Slam rekurrierenden und beliebten Themen wie Liebe, Kriege, Politik oder Themen wie Magersucht, Drogenmissbrauch, Gewalt, Rassismus oder Zivilcourage bieten einen Identifikationspunkt für viele Jugendliche (vgl. Abraham/Anders 2008, S. 8). Der Alltags-, Aktualitäts- und der starke Ich-Bezug im Poetry Slam dienen damit als wichtige Anschlusspunkte für die Schülerpersönlichkeit und deren intrinsischer Motivation, denn besonders Alltagserfahrungen bewegen Kinder bzw. Jugendliche zum Schreiben (vgl. Päfgen 2006, S. 11). Die Schüler können sich mit den meist Gleichaltrigen Slammern und ihren Sichtweisen oder Gefühlen identifizieren und Texte in ihre gegenwärtige Lebenswelt einordnen, da Slam Poetry überwiegend von realen Situationen und Gefühlen ausgeht (vgl. Anders. 2012, S. 46 f.). Vor- und Kontextwissen sind leichter abrufbar, da es sich um Alltagssituationen handelt oder um besonders skurrile Vorkommnisse (vgl. Anders 2011, S. 103). Poetry Slam deckt sich also weitestgehend mit den Interessen oder den Kenntnissen der Hörer. Wortschatz, Welt- und Handlungswissen werden so aktiviert (vgl. Anders 2011, S. 103 f.).

Preckwitz betont den authentischen und ästhetischen Charakter Poetry Slams und bezeichnet ihn als „[...] Dramatisierung lebensweltlicher Zusammenhänge unter Einsatz ästhetischer Mittel und gegeneinander abgegrenzter Handlungssequenzen. Neben dieser Ritualität sind es auch die Bezugnahmen von Slam-Texten auf die Alltagswirklichkeit, mit denen sie Anspruch auf die Ästhetik einer Authentizität erheben." (Preckwitz 2005, S. 92). Die Authentizität der Texte macht Poetry Slam für Schüler besonders interessant. Poetry Slam bietet so einen jugend- und lebensnahen und somit leichten Zugang und ist daher überaus motivationsfördernd (vgl. Anders 2012, S. 46 f. und S. 104).

Slam Poetry kann durch seine Offenheit an eine Vielzahl literarischer Gattungen anknüpfen und wird dadurch den verschiedensten Präferenzen gerecht, vor allem aber wirkt Slam Poetry dadurch nie langweilig. Literarische Gattungen können miteinander kontrastiv verglichen werden. Schmidt-Prestin vergleicht Slam Poetry durch das „unvermittelte Einsetzen realistischer sowie alltagssprachlicher Erzählung" mit Kurzgeschichten (vgl. Schmidt-Prestin 2014, S. 5). Die Originalität der Wortwahl und das Aufnehmen und Verdichten zeitbezogener Phänomene wirken besonders anziehend (vgl. Abraham/Anders 2008, S. 12). Durch die kritische Reflexion gesellschaftlicher Realität regt Poetry Slam durch ähnliche oder konträre Ideen zum Nachdenken und Diskutieren an (vgl. Anders 2012, S. 46 f.).

5.3 Identifikation und Selbsterfahrung

Bislang diente Schreibhandeln in der Schule dazu, den Gebrauch von funktionalem Sprachhandeln in konkrete Kommunikationssituationen zu erlernen (vgl. Spinner 1980, S. 67). Doch es wird davon abgeraten, den Fokus lediglich auf das Einüben von Formen zu legen. Es geht nämlich vielmehr darum grundlegende, fächerübergreifende Schreibstrategien zu vermitteln (vgl. Steiner 2007, S. VII). Zudem wurde bislang die Tatsache zu sehr vernachlässigt, dass Schreiben vor allem essentiell für die (Weiter-) Entwicklung von Selbst-und Weltverständnis ist (vgl. Steiner 2007, S. VIII). Fix benennt drei Hauptfunktionen von Schreibhandlungen, die er die kommunikativen Grundfunktionen von Texten nennt. Er unterscheidet die psychische Schreibfunktion, die das Schreiben nur für sich als Grundlage nimmt (z. B. ein Tagebucheintrag). Die soziale Schreibfunktion, die das für und an andere gerichtete Schreiben meint und die kognitive Schreibfunktion, die als Gedächtnisentlastung und/oder als Schreiben zur Erkenntnisgewinnung dient (vgl. Fix 2008, S. 41). Die moderne Didaktik betont jedoch den emanzipatorischen Charakter von Sprache und trägt neben der funktionalen Aneignung von Wissen auch zur Identitätsfindung bei (vgl. Hochstadt/Krafft/Olsen 2013, S. 101). Beim Verfassen und Vorstellen von Slamtexten ist der Schüler dazu angehalten, seine Meinung, seine Gedanken und Gefühle zu präsentieren. Durch die Auseinandersetzung mit selbstgewählten Themen und der eigenen Persönlichkeit findet ein Lernprozess auf emotional-affektiver Ebene statt. Die Ich-Entfaltung wird aktiv durch das Verfassen von persönlichen Texten und durch das Befassen mit fremden Slamtexten erfolgen (vgl. Anders 2012, S. 69). Sprache und Spracherwerb konstituieren die Grundlage für die Entwicklung einer Ich-Bewusstheit (vgl. Spinner 1980, S. 70). Die Produktion von Slam Poetry kann nun dazu genutzt werden, „spielerisch individuelle Gedanken und Gefühle zum Ausdruck von Subjektivität und Individualität zu bringen" (vgl.

Steiner, 2007 S. 70), denn, wenn man das eigene Ich thematisiert und das Ich zum Adressat wird, statt „nur" funktional zu kommunizieren, dann dient Sprache zur „Selbstbewusstwerdung" (vgl. Spinner 1980 S. 70).

Abb. 3: Selbstbewusstwerdung (vgl. Spinner 1980, S. 70)

Selbsterfahrung beruht auf der Voraussetzung, dass sich das Individuum Zugang zu seiner inneren Gefühlswelt schafft. Die Aufgabe des Lehrers ist es demnach, dem Schüler durch Impulse und hinführende kreative Schreibverfahren eine Tür zu öffnen. Die Lernenden können dann selbst entscheiden, ob und wie weit sie hindurchgehen. Um diese Erfahrung zu fördern und zu ermöglichen, kann sich Poetry Slam die Methoden und Strategien des personal-kreativen Schreibens zu Nutze machen. Das personal-kreative Schreiben ergänzt das Organon Modell Bühlers [16] um eine weitere Funktion der Sprache, nämlich die der Selbstreflexion und Identitätsbildung (vgl. Steiner 2007, S. 70). Damit das lernende Subjekt fähig ist, sich selbst durch Schreiben zu erfahren, muss es die rechte und linke Gehirnhälften aktivieren können, um eigene Emotionen und Intentionen sprachlich mit anschaulichen Bildern, Metaphern oder ggf. Rhythmen auszudrücken und wahrnehmen zu können. In der Schule wird jedoch häufig nur die linke Gehirnhälfte aktiviert, welche für das begriffliche Denken zuständig ist und Informationen linear verarbeitet. Die rechte Gehirnhälfte, die für das bildhafte Denken zuständig ist, wird vernachlässigt. Durch den Einsatz personal-kreativer Schreibaufgaben werden beide Gehirnhälften angeregt und damit einhergehend die Vorstellungskraft und Fantasie geschult (vgl. Steiner 2007, S. 70 ff.).

---

[16] Bühler beschreibt in seinem Kommunikationsmodell drei Funktionen sprachlicher Zeichen: die Darstellungsfunktion, die Ausdrucksfunktion und die Appellfunktion (vgl. Abraham 1988, S. 221).

5.4 Vom Umgang mit Konflikten durch Schreibhandeln

„Die wichtigste Leistung des kreativen Schreibens besteht darin, daß es mehr als andere Zugänge zum Schreiben die ganze Person erfaßt. Von daher rührt die befreiende Wirkung, die viele dabei erfahren. Lehrerinnen und Lehrer berichten immer wieder ganz erstaunt davon, wie Schülerinnen und Schülern beim kreativen Schreiben plötzlich Texte gelingen, die weit über die bisherigen Leistungen hinausgehen [...]" (Spinner 1993, S. 21).

Ein kreativer Schreibprozess kann zu einem verbesserten Umgang mit sich selbst und mit Konflikten führen, da durch das Schreiben Gedanken auf konkrete Weise linear angeordnet und abstrahiert werden, wobei sich überlagernde Gedanken, Emotionen und Erlebtes besser verarbeiten lassen (vgl. Spinner 1993, S. 20). „Die Reflexion über das Schreibprodukt fördert Selbsterkenntnis, soziale und persönliche Identitätsgewinnung." (vgl. Steiner 2007, S. 72). So hat das kreative und affektive Schreiben eine entlastende Funktion, da durch das Auseinandersetzen mit der eigenen Identität und dem Fremden, Rollenerwartungen, Ängste, Bedürfnisse, Enttäuschungen oder Wünsche zum Ausdruck kommen und experimentell untersucht und verarbeitet werden können. So wird die Fähigkeit zum Entwickeln einer Rollendistanz und eines Ich-Bewusstsein gefördert und die eigene Rolle kann mit Abstand aus anderen Perspektiven heraus interpretiert werden (siehe Abb. 4). So werden die sozialen Identitäten interpretiert und Entscheidungen in Bezug auf die Erfüllung oder Verweigerung von Rollenerwartungen getroffen (vgl. Spinner 1980, S. 71 f.).

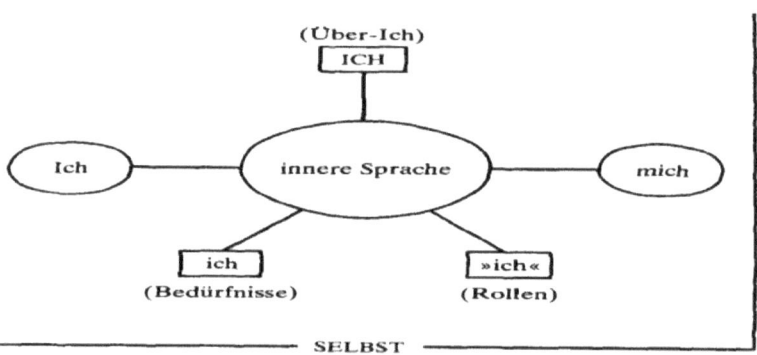

Abb. 4: Rollenbewusstsein durch Ich-Betrachtung (vgl. Spinner 1980, S. 72)

5.5 Interkulturelle Kompetenz: Selbst- und Fremdverstehen

„Junge Erwachsene sind heutzutage einer Art Patchwork-Lebenswelt ausgesetzt, die von Einflüssen unterschiedlichster Art geprägt ist, besonders aber von „kulturellen Überschneidungssituationen" (Kiel 2001, S.10), in denen Gegensätze und Widersprüche aufeinanderprallen. Slam Poetry und die dafür entwickelten Wettbewerbe, die Poetry Slams, tragen dazu bei, diese auszuhalten und die Konflikte zu meistern, die sich daraus ergeben; dazu bedarf es der Ausprägung von Fremdverstehen und von Provokations- und Frustrationstoleranz."

(Riedel 2010, S. 35 f.).

Heutzutage treffen die unterschiedlichsten Kulturen und Ansichten auf engstem Raum aufeinander. Als soziales Wesen in diesem Geflecht muss der Mensch lernen damit umzugehen. Die Schule dient als Ort der Sozialisation und literarische Texte sollen ein Angebot darstellen, sich mit der gesellschaftlichen Realität auseinanderzusetzen (vgl. Hurrelmann 1998, S. 48). Laut Spinner soll im Schreibunterricht nicht nur die eigene Erfahrungswelt bestätigt werden, sondern eine kritische Auseinandersetzung mit dieser erfolgen (vgl. Spinner 2010, S. 31). Unterricht kann so zu einer „literarischen Sozialisation" beitragen (vgl. Dawidowski/Wrobel 2006, S. 3), die Weltwissen und ein empathisches Handlungsvermögen fördert (vgl. ebd., S. 4). In der Psychologie wird Literatur ebenfalls als ein Mittel zur Gewinnung von Identität und Fremdverstehen betrachtet. Ein „Literarisches Wesen" soll Denkmodelle und Vorstellungwelten ausbauen, die zur „Selbst-Bildung" führen (vgl. ebd.). Dementsprechend geht eine individuelle, interkulturelle und kollektive Bedeutsamkeit von Poetry Slam aus (vgl. Schmidt-Prestin 2014, S. 2).

5.6 Poetry Slam - ein demokratisches Format

Das Format Poetry Slam zeichnet sich durch einen hohen Grad an Intensität und Interaktion (vgl. Anders 2012, S. 46) zwischen Auftretenden und Publikum mit basisdemokratischen bzw. partizipatorischen Merkmalen aus. Durch seine offene Möglichkeit der Teilnahme erhalten junge Schreiber ein erstes Feedback von dem Publikum, das zur Revision anregt und so motivierend auf das Schreibverhalten und -bewusstsein wirkt. Die Hörer werden in den Bewertungsprozess miteinbezogen. Sie bestimmen, ob sie einen Poeten noch einmal hören möchten oder nicht und teilen ihre Meinung. Anders als bei sonstigen Literaturveranstaltungen wird das Präsentierte unmittelbar reflektiert und bewertet (vgl. Gölitzer 2008, S. 37). Anders bezeichnet Slam deshalb auch als demokratische Einrichtung (vgl. Anders 2012, S. 25). Die partizipative Konstituente eignet sich für die Durchführung eines klasseninternen Slams sowie für die Besprechung und Beurteilung rezipierter Performances ausgezeichnet als Unterrichtsgegenstand und stärkt das Gemeinschafts- und Sprachgefühl (vgl. Anders 2012, S. 176).

6 Mögliche Grenzen von Poetry Slam

Der Anspruch Poetry Slam als ein literarisches Genre zu definieren, wird polemisch diskutiert. So wird Slam von Gärtner beispielsweise als „literarischer Flurschaden" bezeichnet (vgl. Anders 2012, S. 13). Poetry Slams sei zu banal oder zu plakativ (vgl. Anders 2012, S. 6). Prestin vergleicht Poetry Slam mit Alltagsliteratur (vgl. Schmidt-Prestin 2014, S. 5). So sind Kritiker der Meinung, dass die literarische Qualität durch Slam Poetry sinke. Alexander verordnet manche Slammer in den Kommerz, worunter auch die Qualität leide und der eigentliche Sinn von Poetry Slam verloren gehen könne (vgl. Alexander 2009). Handelt es sich bei Poetry Slam wirklich um Trivialliteratur? Abraham und Kepser sehen auch Chancen für den Unterricht in der teilweisen „populären Unterhaltungsliteratur", wie sie Slam Poetry betiteln, und befinden Unterhaltung als lebensnotwendiges Bedürfnis legitim (vgl. Abraham/Kepser 2009, S. 33). Ist Poetry Slam also für den Unterricht geeignet? Kritiker sprechen Poetry Slam also einen zu geringen qualitativen Wert zu. Weiterhin haben viele Slammer die Tendez unterhaltsame Comedytexte (vgl. Anders 2012, S. 47) statt literarisch anspruchsvolle Texte zu schreiben und sich damit ans Publikum anzupassen (vgl. Anders 2011, S. 12). Der Unterricht soll sich natürlich nicht nur auf banale oder humoristische Alltagsgeschichten stützen. Poetry Slam kann jedoch eine breite Palette an Themen, Genres und Stilen anbieten und rhetorisch anspruchsvolle, lyrische oder erzählende Texte vorweisen.

Einen Slamtext zu produzieren, kann Schüler überfordern oder Angst machen, da der Anspruch besteht, möglichst witzig, originell oder cool zu sein und darüber hinaus noch gut zu performen (vgl. Poier 2008, S. 43). Slam Poetry ist zudem häufig sehr intim, was ein Hindernis darstellen kann, denn nicht jeder Schüler möchte seine Gefühle der Öffentlichkeit präsentieren. Andererseits muss ein Slamtext nicht zwingend von tiefen Gefühlen handeln, sondern kann aktuelle Themen behandeln oder Genres verfremden, sodass die persönliche Sphäre nicht zu sehr angegriffen wird. Der Einwand, dass nicht alle Schüler ihre Texte vorlesen möchten oder sich nicht ins „Rampenlicht" trauen, ist berechtigt. Es zeigte sich allerdings in der Praxis, dass gerade zurückhaltende Schüler Spaß am Poetry Slam haben und sich aktiv einbringen. Anders demonstriert, dass eigentlich schüchterne Schüler gute Leistungen und Vorträge erbringen und in der Produktion eigener Texte aufgehen Die Möglichkeit sich selbst auszudrücken, motiviert ungemein. Einerseits stellt also die Individualität eines Slamproduktes eine reizvolle Herausforderung für die Schüle dar. Das Schreiben, der Austausch und die Planung eines Poetry Slams stärkt andererseits aber auch das Gruppengefühl und bringt so unerwartete Erfolge, da auch die Möglichkeit eines Teamslams nicht auszuschließen ist (vgl. Anders 2012, S. 155). Diejenigen, die keine persönlichen Texte auf der Klassenbühne präsentieren möchten, können auch andere Rollen, wie die des Moderators, der Jury, eines Journalisten, oder auch die des Poeten-Coaches wahrnehmen (vgl. Anders 2017, S. 2). Es stellt sich weiterhin die Frage, wie und ob man selbstverfasste Texte im Unterricht bewerten kann, da diese äußerst subjektiv und persönlich sind. Eine negative Bewertung eines persönlichen Textes könnte zu einer hohen Frustration führen und erreichte Erfolge wieder zunichtemachen. Hier lässt sich ein gemeinsames Erarbeiten von Bewertungskriterien empfehlen.

7 Unterrichtsentwurf: Doppelstunde zum Thema „Poetry Slam – Was ist das und wie bewerte ich einen Slamtext?"

Die einführende Doppelstunde „Poetry Slam – Was ist das und wie bewerte ich einen Slamtext?" soll in einer neunten bzw. zehnten Klasse des Gymnasiums im Fach Deutsch gehalten werden. Der folgende Entwurf könnte aber auch in der Sekundarstufe II angewandt werden. Im Vorfeld sollten die Analyse rhetorischer Mittel und die Einordnung literarischer Gattungen durchgeführt worden sein. Bestenfalls wiederholt der Lehrer eine Stunde vorher solche noch einmal oder gibt eine Hausaufgabe dazu. Ein exemplarischer, schülerorientierter und lebensnaher Unterrichtsentwurf wird im Folgenden entwickelt. Basierend auf den im Vorfeld erörterten Merkmalen von Poetry Slam, den schon erschienen Publikationen zu Poetry Slam, den schulisch geforderten Basiskompetenzen und den Kontroversen, die Poetry Slam bietet, wird ein Vorschlag für eine Einstiegsstunde in das Thema Poetry Slam geboten. Weitere didaktische Überlegungen sowie die Lernziele befinden sich unmittelbar nach dem tabellarischen Unterrichtsentwurf.

Unterrichtsentwurf: Doppelstunde zum Thema „Poetry Slam – Was ist das und wie bewerte ich einen Slamtext?"

Unterrichtsphase und -inhalte	Methodik/Sozialform	Medien	Zeit in Minuten	Lehrer- und Schüleraktivität	Lern-ziel
Einstieg Anhand verschiedener Fotos von Poetry Slams sollen Schüler Assoziationen sammeln und auf das Thema Poetry Slam kommen.	Plenum/ Diskussion	Overhead-Projektor Fotografien von Poetry Slam-Veranstaltungen	5	Der Lehrer projiziert das Foto an die Wand und stellt Impulsfragen z.B.: „Was seht ihr? Über was könnte die Person sprechen? Welche Art von Veranstaltung könnte das sein?" Die Schüler bringen ihre Ideen und Assoziationen im Plenum vor.	1-3
Erarbeitung Anhand eines kurzen Zeitungsberichtes arbeiten die SuS Merkmale des Format Poetry Slam heraus.	Einzelarbeit/ Plenum	Tafel, Kreide Kopien des Zeitungsartikels	10	Der Lehrer teilt den Artikel aus und schreibt die Aufgabe „Lest den Artikel stichpunktartig Merkmale eines Poetry Slams" an die Tafel. Nach der Einzelarbeit werden die Ergebnisse im Plenum gesammelt und stichpunktartig vom Lehrer an der Tafel festgehalten. Dabei bittet er die Schüler eine sinnvolle Gliederung vorzuschlagen (z.B. Personen/Slammer, Text, Medium, Publikum, Bewertung) Der Lehrer ergänzt. Die Schüler lesen den Zeitungsartikel für sich und erarbeiten Merkmale aus dem Text In der Plenumsdiskussion werden die Ergebnisse sowie eigene Ideen zusammengetragen und versucht an der Tafel zu strukturieren.	4-6

					7-15
Zwischensicherung Abschrift ins Heft	Einzelarbeit	Tafel, Kreide +++ 5-Minuten Pause ++++	5	Die Schüler übernehmen die Tabelle in ihr Heft.	
Vertiefung Ausfüllen des Analyserasters während der Sichtung des gefilmten Slambeitrags „Was tun wir hier eigentlich" (Materialverzeichnis)	Video-Sichtung im Plenum / Analyseraster Think-Pair-Share-Methode (Kooperatives Lernen)	Beamer, Laptop mit Internetzugang Arbeitsblatt Analyseraster (Materialverzeichnis) Tafel, Kreide	35	Die Lehrperson teilt das Analyseraster aus, geht es mit den Schülern durch, klärt Unklarheiten und teilt die Klasse in drei Gruppen (nach der Sitzordnung) auf, die jeweils eine Rasterspalte während der Sichtung bearbeiten sollen (Inhalt, Sprache und Performance). Die Punktevergabe soll noch vernachlässigt werden. Die Lehrperson stellt das Videomaterial zur Sichtung bereit und spielt es einmal[17] ab. Während der individuellen Arbeitsphase (5-10 Min.) zeichnet der Lehrer das Raster an die Tafel. Der Lehrer bittet die Schüler sich (5 Min.) mit dem Nachbar auszutauschen und macht auf die Bearbeitungszeit aufmerksam. Dann bittet der Lehrer darum, dass je eine Person aus den Zweier-Gruppen die Ergebnisse vorträgt. Er wiederholt die Leitfragen und hält die Ergebnisse an der Tafel fest.	

---

[17]Das Video wird bewusst nur einmal gezeigt, um die Einmaligkeit und Unwiderruflichkeit von Poetry-Performance-Erlebnissen als Merkmal zu betonen. Die Zuschauer müssen schließlich unmittelbar nach der Performance zu einer Bewertung gelangen. Darauf aufbauend soll das Format mit seinem Bewertungsverfahren kritisch diskutiert werden.

Unterrichtsentwurf: Doppelstunde zum Thema „Poetry Slam – Was ist das und wie bewerte ich einen Slamtext?"

Phase	Sozialform	Medien	Verlauf	Zeit	Zeile
			Die SuS lesen sich zuerst das Raster zuerst durch und können Fragen stellen, füllen dann ihre zugeteilte Spalte während der Sichtung individuell aus, tauschen sich mit dem Nachbarn aus und teilen dann ihre Ergebnisse dem Plenum mit. Die SuS ergänzen währenddessen ihre Tabelle.		
Sicherung Die SuS bewerten die Performance anhand einer Punktewertung zwischen 1-10. Im Plenum wird die Punktewertung diskutiert und reflektiert. Die SuS ergänzen ggf. die Merkmalliste, die am Anfang der Stunde erstellt wurde um weitere Aspekte, die in der Vertiefung zu Tage getreten sind und verfassen in der Stunde oder als Hausaufgabe wahlweise einen	Einzelarbeit Plenum	Raster	Der Lehrer leitet die SuS an, das Raster zu vervollständigen und nun Punkte zwischen 1 und 10 für die Performance zu vergeben. Der Lehrer ruft sieben[18] SuS auf und notiert ihre Wertungen an der Tafel und rechnet eine Endpunktzahl aus. Der Lehrer leitet eine Diskussion an und stellt Impulsfragen z.B.: „Seid ihr mit der Wertung zufrieden? Ist die Wertung gerecht? Warum (nicht)? Welche Bedeutung und Aussagekraft hat eine Wertung? Was wäre anders, wenn die Jury beispielsweise nur aus weiblichen, männlichen oder älteren Besuchern bestünde? Welche Abstimmungsmethoden gibt es noch? Was könnte man verbessern? Ist	30 Min	16-22

---

[18] Der Lehrer wählt bewusst nur sieben Schüler aus, da bei einem Poetry Slam üblicherweise nicht mehr als fünf bis sieben Personen in die Jury gewählt werden und verstärkt somit das Gefühl von Willkürlichkeit und Ungerechtigkeit einer Slambewertung.

38

Zeitungsbericht oder einen Publikumsbrief über die gesehene Performance inkl. Bewertung unter kritischer Beachtung der erarbeiteten Merkmale.		Poetry Slam fair?". Der Lehrer schreibt die Hausaufgabe an die Tafel. Die SuS vergeben individuell und schriftlich Punkte für die einzelnen Spalten. Die SuS diskutieren und reflektieren ihre Wertung sowie das Bewertungskonzept an sich im Plenum. Die SuS ergänzen ihre Merkmalliste und schreiben einen Zeitungsartikel/Hörerbrief über die Performance von Jule Weber, in dem sie auf das Format, den Text, die Performance und die Bewertung eingehen. Die Aufgabe wird als Hausaufgabe vervollständigt (ca. 500 Wörter).

7.1 Überlegungen zu einer möglichen Folgestunde

In der Folgestunde kann basierend auf Jule Webers Slamtext „Was tun wir hier eigentlich", der ohne Verben auskommt, ein Slamtext nach demselben Muster geschrieben werden und dabei die Unterteilung in Gruppen „Texte ohne Verben/Adjektiven/Substantive" und „Texte mit vielen Verben/Adjektiven/Substantiven" vorgenommen werden. Dabei sollte man sich in der Klasse auf ein gemeinsames Thema einigen, um die Vergleichbarkeit zu gewährleisten. Die Produktionszeit der ersten exemplarischen Texte sollte nicht mehr als zwanzig Minuten betragen, denn „kreativer Stress" ist nachweislich förderlich, um erste Textversuche zu erstellen. Anschließend sollen die Texte kontrastiv vorgetragen und deren Wirkung verglichen und erörtert werden. Die Arbeit nach Mustern und im Sinne des „kreativen Stresses" wird von Poier (vgl. Poier 2008, S. 42 ff.) vorgeschlagen, um einen erfolgreichen Einstieg zu erleichtern. Alternativ oder zusätzlich können die Schüler in der Folgestunde die Leerstellen in Webers Text mit Verben füllen. Schließlich sollte in späteren Stunden dann unbedingt auch weitere, eigene Texte produziert werden und deren Performance mittels spezieller körperpraktischer sowie mittels Sprech- und Stimmübungen eingeübt werden. Die präzise Darlegung möglicher Übungen würde den Rahmen dieser allerdings Arbeit sprengen.

7.2 Didaktische Überlegungen

Der Unterrichtsentwurf orientiert sich an dem Dreischritt aus Informationsaufnahme,

Informationsverarbeitung und Informationsbewertung im Umgang mit literarischen Texten (vgl. Nieweiler 2006, S. 208). Die Entscheidung einen gefilmten Slambeitrag oder einen Poetry Clip zu wählen fiel schnell. Die Medienpräsenz von Poetry Slam sollte aus den vorher aufgeführten Gründen als anschaulicher Einstieg in das Thema genutzt werden. Das audio-visuelle Miterleben einer Slam-Performance ist zentral für die Slamerfahrung der SuS und spricht mehrere Lerntypen an. Durch die audio-visuelle Rezeption entsteht eine emotionale Betroffenheit bei den Hörern. Die Wirkung, die Poetry Slam aufgrund seiner Oralität und Machart aufweist, kann nicht durch eine bloße Lektüre ersetzt werden. Damit nicht nur das aufmerksame Zuhören, sondern auch das Reflektieren und die Beurteilung der Slam Poetry samt Sprache, Inhalt und Mittel gelingen, sollte die Textbewertungs- und Analysephase im Unterricht, im Gegensatz zum üblichen Veranstaltungsformat Poetry Slam, einen entscheidenden Stellenwert einnehmen. Die Lehrperson muss dazu didaktisches Material bereitstellen, denn in der kulturellen Praxis findet kein ausreichender Wertungsdialog statt (vgl. Anders 2011, S. 69 und Anders 2012, S. 231-240). Ein Analyseraster (siehe Materialverzeichnis), das anhand von gemeinsam erarbeiteten Merkmalen begleitend zur Videosichtung ausgefüllt wird, ist im Sinne von Aufgaben *vor während und nach* der Rezeption, angelehnt an Greenwood (vgl. Thiele 2012, S. 50 und Greenwood 1988), sinnvoll und sollte den Lernprozess unbedingt begleiten, denn gerade bei Zuhöraufgaben ist „Zielklarheit" (vgl. Behrens/Eriksson 2009, S. 218 zit. nach. Hochstadt/Krafft/Olsen, 2013 S. 38) ein wesentlicher Faktor, der durch ein solches Raster präzisiert wird. Anders schlägt ein Raster zur Analyse von Poetry Clips vor sowie Impulsfragen für die Analyse, Bewertung und anschließende Diskussion einer Slam-Performance vor (vgl. Anders 2012, S. 229 und S. 244 ff. sowie 290 ff.). Durch den gefilmten Slambeitrag und seine mediale Inszenierung wird Interesse geweckt und Spannung erzeugt, sich mit dem Thema und den verschiedenen Rezeptionsmedien auseinanderzusetzen. Im Nachhinein sollte unbedingt im Plenum diskutiert werden, welche Wertungen vergeben wurden und auf Basis welcher Kriterien (vgl. Anders 2012, S. 299). Die SuS sollen also merkmalbasierend arbeiten und einen Text anhand von Kriterien beurteilen. Sie sollen Literatur als Wettbewerbsformat hinterfragen und einen Blick für sprachliche, inhaltliche und rhythmische Besonderheiten erhalten und damit in das Thema Poetry Slam einsteigen, um später selbst eigene Texte verfassen zu können.

7.2.1 Zur Auswahl der Slam Poetry

Die Wahl des gefilmten Slambeitrags „Was tun wir hier eigentlich„ von Jule Weber erfolgte aufgrund mehrerer Faktoren. Das Thema der Slam Poetry ist Liebe auf den ersten Blick bzw. die zufällige Liebe. Liebesgeschichten bieten sich aufgrund des Entwicklungsstandes der Jugendlichen in dieser Jahrgangsstufe hervorragend an und stellen einen lebensnahen Zugang dar, da die meisten SuS beginnen, sich für solche Themen zu interessieren oder schon erste Erfahrungen in dem Bereich sammeln konnten. Das Thema ist somit nachvollziehbar, kann an die Lebenswelt der SuS anknüpfen, Kontextwissen abrufen und ist immer aktuell. Zudem macht die hier verwendete einfache und leicht verständliche Sprache den Inhalt gut zugänglich für alle Lernenden.

Die Besonderheit des Textes ist, dass er ganz ohne Verben auskommt und somit einerseits sehr originell und experimentell mit Sprache und Inhalt umgeht und andererseits viele Leerstellen bietet, welche die Schüler füllen können. So können in einer alternativen oder einer Folgestunde, die Verben in den Text individuell von den SuS eingefügt und erste kreative Schreibprozesse in Gang gesetzt werden. Die SuS erleben so einen neuartigen, kreativen Umgang mit Sprache. Sie können die Funktion, Wirkung, Morphologie oder die Semantik von Wortarten kontrastiv untersuchen und die Wirkung und Anwendung rhetorischer Mittel erproben. Die Arbeit mit Mustern als Einstieg in Poetry Slam wird empfohlen, um Einstiegsblockaden oder Schreibhemmungen abzubauen und Frustration zu vermeiden. Diese Slam Poetry eignet sich daher als Themeneinstieg und Mustertext ausgezeichnet. Zuletzt ist die gute Aufnahmequalität des Videos positiv zu bewerten.

7.2.2 Lernziele

Hauptlernziel

Die SuS beurteilen verbale, non- und paraverbale Mittel einer Rede bzw. Slamperformance und deren Wirkung mit Hilfe eines Analyserasters am Beispiel des gefilmten Slambeitrags „Was tun wir hier eigentlich" von Jule Weber.

Feinlernziele

Einstieg

1. Die SuS erkennen Fotos von Poetry Slammern und Poetry Slam-Veranstaltungen als solche
2. Die SuS beschreiben Bildmaterial
3. Die SuS ordnen die Bilder ihrer Erfahrungswelt zu

Erarbeitung

4. Die SuS fassen Inhalte eines Zeitungsartikels zusammen
5. Die SuS stellen allgemeine Merkmale eines Poetry Slams anhand eines Zeitungsartikels dar
6. Die SuS vergleichen ihre Ergebnisse mit denen der anderen Schüler

Vertiefung

7. Die SuS untersuchen während der Sichtung eines gefilmten Slambeitrags mit Hilfe eines Analyserasters Mittel, Inhalte und Wirkung einer Rede/Slamperformance
8. Die SuS erkennen die Funktion und Wirkung einzelner Satzglieder und Wortarten (z.B. Verben)
9. Die SuS erkennen Textgestaltungsmittel und ihre Wirkung

10. Die SuS vergleichen eigene Ansichten mit Textinhalten
11. Die SuS geben ihre Beobachtungen mündlich und in Stichpunkten wieder
12. Die SuS unterscheiden verschiedene Formen mündlicher Darstellung
13. Die SuS entwickeln lebendige Vorstellungen beim Lesen und Hören literarischer Texte
14. Die SuS untersuchen die Rolle vom Sprecher/Schreiber und Hörer
15. Die SuS stellen ihre erarbeiteten Merkmale gegenüber

Sicherung

16. Die SuS erörtern Poetry Slam als Wettbewerbs- und Bewertungsformat kritisch
17. Die SuS reflektieren literarische Texte kritisch anhand von Merkmalen
18. Die SuS stellen die eigene Meinung begründet dar
19. Die SuS bewerten Texte anhand von selbstentwickelten Kriterien
20. Die SuS vergleichen ihre Ergebnisse und Meinungen hinsichtlich der Textbewertung
21. Die SuS entwickeln in der Diskussion ihre (argumentative) Gesprächskompetenz weiter
22. Die SuS diskutieren das Bewertungsverfahren

8 Fazit

Poetry Slam ist heutzutage als wichtiger Teil der Jugendkultur anzusehen und nicht aus der kulturellen Realität der Jugendlichen und jungen Erwachsenen wegzudenken. Aufgrund seiner Merkmale bietet Poetry Slam einen leichten Zugang, der äußerst motivationssteigernd ist. Durch die authentischen und lebensnahen Schreibanlässe und klare Adressatenorientierung wird die intrinsische Motivation der SuS in Abgrenzung zur traditionellen Aufsatzdidaktik gesteigert und kann so zu einem positiven Lernprozess führen. Das offene und breite Themensprektum von Poetry Slam eignet sich in Hinblick auf Sprache und Niveau ab der Sekundarstufe I bis zur Oberstufe aufwärts und lädt auch fächerübergreifend zur Diskussion ein, weil Slamtexte sich häufig mit aktuellen, politischen, geschichtlichen oder gesellschaftskritischen Themen auseinandersetzen. Mittlerweile ist Poetry Slam auch didaktisch gut erschlossen. Es liegen zahlreiche Beispiele und Mustertexte vor, die im Unterricht genutzt werden können. Darüber hinaus wird Poetry Slam in unterschiedlichen Medien rezipiert und produziert. Hierbei wird gleichzeitig die Medienkompetenz der Schüler geschult. Der Unterricht wird spannend und methodisch abwechslungsreich gestaltet und regt zu einem kritisch-vergleichenden Blick auf das Medienzeitalter und popkulturelle Phänomene in Abgrenzung zur traditionellen Literatur und dem gesellschaftlichen Wandel an. Gleichzeitig können aber auch Bezüge zu mittelalterlicher Dichtung hergestellt werden. Gleichermaßen lassen sich klassische Texte und neuere literarische Formen mittels Poetry Slam gegenüberstellen. Mit verschiedenen Gattungen und Genres wird spielerisch experimentiert werden. Bei einem „Dead or Alive-Slam" werden klassische und aktuelle Slamtexte gehört unmittelbar hintereinander vernommen werden und das Interesse für ältere und neuere Literatur kann somit geweckt werden. Poetry Slam findet Anknüpfungspunkte in der Literatur, Sprach- und Mediendidaktik und deckt die Bereiche Sprechen und Zuhören, Lesen, Schreiben, mit Texten und Medien umgehen, Sprache und Sprachgebrauch reflektieren sowie die im Lehrplan vorgesehenen Ziele mehr als flächendeckend ab. Der Blick für sprachliche Feinheiten, Mittel und Strukturen sowie für den Aufbau eines Textes oder einer Rede inklusive den umfangreichen Gestaltungsmöglichkeiten sowie das Anwenden von Schreib- und Lesestrategien werden umfassend geschult. Da das Format durch viele Medien produzier- und rezipierbar und in Bezug auf Form und Inhalt leichter zugänglich als ältere Literaturkanons, aber dennoch sprachlich und inhaltlich hochwertig ist, fordert es unterschiedliche Lerntypen mit unterschiedlichen Voraussetzungen heraus. Die Fähigkeiten *Moderieren und Präsentieren* werden durch Slam-

Performances, Diskussion und Bewertung besonders geschult, da die Lernenden kognitiv angesprochen und sinnlich herausgeordert werden. Durch das Reflektieren und Erproben der Performance kann nicht nur die Kompetenz *Präsentieren und Nachdenken über Sprache und Sprechen* geschult werden, sondern auch das Selbst- und Gruppengefühl gesteigert werden. Der Unterricht ist so besonders handlungsorientiert und im Sinne der Ganzheitlichkeit. Da Poetry Slam außerschulisch erlebbar ist, kann es als außerschulischer Lernort fungieren. Das Wettbewerbsformat sowie der Performancecharakter geben Jugendlichen einen Anreiz. Poetry Slam eignet sich gerade für literaturüberdrüssige Jugendliche und bietet neue Zugangsmöglichkeiten, die an die Interessen und die Lebenswelt der Schüler anknüpfen. Ein weiterer Reiz ist, dass Poetry Slam-Beiträge auch als Teambeitrag geplant werden können und dadurch ein kollektives Erlebnis darstellen. Hervorzuheben ist der identitätsbildende Aspekt, der bei der Rezeption und Produktion von Slam Poetry zu tragen kommt. Das lernende Individuum kann sich mit seiner Rolle und Rollenerwartungen in der Gesellschaft kritisch auseinandersetzen und dabei seine gesellschaftliche Gegenwartsrealität reflektieren und besser wahrnehmen. Dies führt einerseits zu einem Selbstbewusstwerdungs-prozess und stärkt die Schüleridentität und andererseits zu einem besseren Welt- und Fremdverständnis. Das Herausbilden einer interkulturellen Kompetenz wird hierdurch gefördert. Auch im Bereich Deutsch als Zweit- oder Fremdsprache sowie in der Fremdsprachendidaktik allgemein bietet Poetry Slam aufgrund seiner Merkmale und Entfaltungsmöglichkeiten einen äußerst spannenden Zugang für die Lernenden. Hier finden sich bislang nur wenige wissenschaftliche Beiträge und es bietet sich an, speziell für Fremdsprachenlerner geeignete didaktische Konzepte und Materialien zu erstellen.

Letztendlich erscheint Poetry Slam als ein unvergleichbarer, ganzheitlich-globaler und ungemein motivierender Zugang zu Literatur, Sprache und sich selbst, der SuS zu einer individuellen-interkulturellen Handlungskompetenz in unserer globalisierten Gesellschaft befähigt.

9 Literaturverzeichnis

Abraham, U. (2008). Sprechen als reflexive Praxis. Mündlicher Sprachgebrauch in einem kompetenzorientierten Deutschunterricht. Freiburg im Breisgau: Fillibach-Verl.

Abraham, U. /Anders, P. (2008): Poetry Slam und Poetry Clip. Formen inszenierter Poesie der Gegenwart. In: Praxis Deutsch. Jg. 36, Heft 208, S. 6.

Abraham, U./Kepser, M. (2005). Literaturdidaktik Deutsch. Berlin: Erich Schmidt.

Abraham, U./Kepser, M. (2009). Literaturdidaktik Deutsch. Eine Einführung. Berlin: Erich Schmidt Verlag.

Abraham, W. (1988). Terminologie zur neueren Linguistik. 2 Bde., Tübingen: Niemeyer.

Alexander, C. (2009). Dichter dran am Kommerz. (www.spiegel.de/kultur/literatur/massenerfolg-poetry-slam-dichter-dran-am-kommerz-a-602670.html. Datum: 14.05.2018. 18:50).

Almut, A. (2008). Editorial. In: Praxis Deutsch. Jg. 36, Heft 208, S.1

Anders, P. (2007). Poetry Slam Buch: Live-Poeten in Dichterschlachten. Ein Arbeitsbuch. Mülheim an der Ruhr: Verlag an der Ruhr.

Anders, P. (2008a). Mediale Wanderungen. Einen Text in verschiedenen Inszenierungsformen analysieren. In: Praxis Deutsch. Jg. 36, Heft 208, S.57 ff.

Anders, P. (2008b). Slam Poetry. Arbeitstexte für den Unterricht. Stuttgart: Reclam.

Anders, P. (2011). Poetry Slam: Unterricht, Workshops, Texte und Medien; mit Slam Poetry von Bas Böttcher, Dalibor, Jasper Diedrichsen, Gary Glazner, Nora Gomringer, Julian Heun, Wolf Hogekamp, Lars Ruppel, Nektarios Vlachopoulos u.a. Baltmannsweiler (Deutschdidaktik aktuell; 34).

Anders, P. (2012). Poetry Slam im Deutschunterricht. Aus einer für Jugendliche bedeutsamen kulturellen Praxis Inszenierungsmuster gewinnen, um das Schreiben, Sprechen und Zuhören zu fördern. 3. Auflage. Baltmannsweiler: Schneider Hohengehren.

Anders, P. (2017). Poetry Slam als Leseförderung im Medienverbund. In: Dossier zur Leseförderung in außerschulischen Einrichtungen. Mainz: Stiftung Lesen (www.stiftunglesen.de/download.php?type=documentpdf&id=2070, aufgerufen am 16.05.2018, 23:11 Uhr).

Badger, B. (2010). „Der Anspruch auf Anspruch und der Anspruch auf Spaß:" Postmoderne Züge in Bas Böttchers literarischem Programm. Neophilologus, 94(2), 317-332.

Barsch, A. (2006). Mediendidaktik Deutsch (Vol. 2808). UTB.

Barthes, R. (2006). Der Tod des Autors [1968]. In: ders.: Das Rauschen der Sprache. Kritische Essays IV. Frankfurt/M. S. 57-63.

Basisartikel In: Praxis Deutsch. Jg. 36, Heft 208, S. 6.

Beck, B. u.a.: Deutsches Institut für Internationale Pädagogische Forschung (2006). Unterricht und Kompetenzerwerb in Deutsch und Englisch Zentrale Befunde der Studie. Deutsch Englisch Schülerleistungen International (DESI). Frankfurt/M.: Deutsches Institut für Internationale Pädagogische Forschung, S. 5. (aufgerufen unter: www.dipf.de/de/forschung/aktuelle-projekte/pdf/biqua/desi-zentrale-befunde Datum: 29.04.2018, 11:44 Uhr).

Behrens, U./ Eriksson, B. (2009). Kompetenzorientiert unterrichten – Aufgaben profilieren: Aufgabenkultur im Bereich Zuhören im Visier. In: Krelle, M./Spiegel, C. (Hg.). 204-219.

Böck und Fenkart (Hrsg.) (2013). Literale Praxis von Jugendlichen. Innsbruck

Böttcher, Bas u.a. (2009). Die Poetry-Slam-Expedition. Materialien und Arbeitsanregungen. Braunschweig: Schroedel.

Böttcher, I. (Hrsg.) (1999). Kreatives Schreiben. Grundlagen und Methoden. Berlin.

Csikszentmihalyi, M. & Schiefele, U. (1993). Die Qualität des Erlebens und der Prozeß des Lernens. In: Zeitschrift für Pädagigik, 39, S. 207-221.

Csikszentmihalyi, M. (1985). Das Flow-Erlebnis. Stuttgart: Klett.

Csikszentmihalyi, M. (1992). Flow. Die sieben Elemente des Glücks. Psychologie Heute, 19 (1), S. 20-29.

Csikszentmihalyi, M. (1992). Flow. Die sieben Elemente des Glücks.

Dawidowski, C., & Wrobel, D. (Eds.). (2006). Interkultureller Literaturunterricht: Konzepte-Modelle-Perspektiven. Schneider-Verlag Hohengehren.

Domke, C., Eschrig, S. Kowalzik, K., Krause, A. (o. J.). Flow Erleben (aufgerufen unter: www.tu-dresden.de/mn/psychologie/lehrlern/ressourcen/dateien/lehre/lehramt/lehrveranstaltungen/motivationsfoerderung/folder-2011-11-01-8121459277/e_Flow.pdf?lang=en am 18.05.2018, 12:58).

Elemente des interkulturellen Literaturunterrichts (1996). Reinbek bei Hamburg: Rowohlt.

Fix, M. (2008). Texte schreiben. Schreibprozesse im Deutschunterricht. 2. Auflage. Stuttgart: UTB-Verlag.

Gans, M. (2008). „Aristoteles open stage. Vom Worteklauben zur Redekunst – Ein Slam-Projekt für die Offene Bühne." In: Praxis Deutsch, Jg. 36, Heft 208, S. 24–28.

Gottfried, A. E. (1985). Academic intrinsic motivation in elementary and junior high school students. Journal of educational psychology, (77), 631-645.

Gölitzer, S. (2008). Publikumspoesie. Auf Slam Poetry mit eigenen Texten reagieren. In: Praxis Deutsch H. 208, 2008, S. 36–41.

Greenwood, J., & Maley, A. (1988). Class readers. Oxford University Press.

Gunia, J. (2010). Die Souveränität der Sprache. Der Tod als Denkfigur in der neueren Literaturtheorie: Barthes, Foucault, Derrida. Der Tod gibt zu denken. Interdisziplinäre Reflexionen zur (einzigen) Gewissheit des Lebens. Münster, 114-118.

Guse, J. (2014). Poetry Slam und Slam Poetry–sinnvoll im Unterricht Deutsch als Fremdsprache?. Milli Mála, 4; S.122.

Hager, S. (2006). Literarische Texte rezipieren, produzieren und präsentieren: Poetry Slam im integrativen Deutschunterricht der Realschule.

Hartges, M., Lüdke, M., & Schmidt, D. (1996). Pop Technik Poesie. Die nächste Generation. Rowohlt Literaturmagazin, (37).

Hedayati-Aliabadi, M. (2017). Slam Poetry: Deutsch–US-amerikanische Studie zu den Ansichten und Handlungsweisen der Akteure. Springer-Verlag.

Hildebrandt, K. M. (2006). Performanz der Bild-Assoziation im Poetry Slam.

Hochstadt, C., Krafft, A., & Olsen, R. (2015). Deutschdidaktik. Tübingen: UTB GmbH.

Junge Poeten. Wieder Poetry Slam in der Erdinger Stadthalle. In: Süddeutsche Zeitung (03.05.2017), abrufbar unter: www.sueddeutsche. de/muenchen/erding/poetry-slam-junge poeten-1.3488457, aufgerufen am 31.04.2018 15:57.

Kiel, Ewald (2001). „Dialog zwischen den Kulturen und Pädagogik. Die Entwicklung interkultureller Kompetenz als ein zentrales Ziel globalen Lehrens und Lernens". In: forumderunesco-projekt-schulen, 1/2001, 10-21.

Klafki, W. (1974). Didaktische Analyse. 11. Aufl. Hannover, Dortmund, Darmstadt, Berlin: Schroedel (Auswahl Reihe A, Grundlegende Aufsätze aus d. Zeitschrift Die Deutsche Schule).

Klippel, F. (2000). Überlegungen zum ganzheitlichen Fremdsprachenunterricht. Fremdsprachenunterricht. Themenheft: Ganzheitliches Lernen mit allen Sinnen, 5, 242-248.

Kreutzner, G. (2003). Power Bloc. The People. Primadonna. Virtuose, Diva/Publikum. In: Handbuch Populäre Kultur (pp. 351-359). JB Metzler, Stuttgart.

Kurtz, G. (2014). Sprachintensiver Unterricht. Ein Handbuch. Baltmannsweiler: Schneider-Verl. Hohengehren (Handbücher für den Unterricht. Thema Sprache, 2).

Lehmkuhl, T. (2009). Goodie, Booty, Party on. Der Poetry Slam und seine Mythen. In: Müller, Lothar: Stimmenzauber. Von Rezitatoren, Schauspielern, Dichtern und ihren Zuhörern (63-66). Göttingen: Wallstein.

MA Ewald V. (2014). Das Potential von Poetry Slam für den Literaturunterricht. Analyse zweier Texte von Bas Böttcher und Nora Gomringer, München: GRIN Verlag.

Merz-Grötsch, J. (2016). Texte schreiben lernen. Grundlagen, Methoden, Unterrichtsvorschläge. 3. Auflage. Seelze: Klett/Kallmeyer (Praxis Deutsch).

Ministerium für Bildung, Wissenschaft und Weiterbildung (1998). Lehrplan Rheinland-Pfalz, Lehrplan Deutsch (Klassen 5 - 9/10) SOMMER Druck und Verlag, Grünstadt.

Nieweler, A. (Hrsg.) (2006). Fachdidaktik Französisch. Tradition, Innovation, Praxis. Stuttgart: Klett.

Paefgen, E. K. (2006). Einführung in die Literaturdidaktik (Vol. 317). Springer-Verlag.

Peters, Freia. Ein Club voller Selbstdarsteller. In: Die Welt vom 29. April 2001. www.welt.de/print-wams/article611381/Ein_Club_voller_Selbstdarsteller.html.

Poier, W. (2008). lt's Shoetime. Schreiben nach Mustern erfolgreicher Spoken Poetry Texte. In: Praxis Deutsch. Jg. 36, Heft 208, S. 42-52 ff.

Preckwitz, B. (2002). Slam Poetry: Nachhut der Moderne. Norderstedt: BoD.

Preckwitz, B. (2005). Spoken Word und Poetry Slam: Kleine Schriften zur Interaktionsästhetik. Wien: Passagen. S.92 ff.

Preckwitz, Boris (1999). Slam: Ästhetik der Interaktion. In: Kerenski, Boris/ Stefanescu, Sergiu (Hrsg.): Kaltland Beat: Neue Deutsche Szene. Stuttgart: Ithaka. S. 343- 362. Psychologie Heute, 19 (1), S. 20-29.

Reichen, J. (2001). Hannah hat Kino im Kopf. Hamburg.

Rico, G. L. (1984). Garantiert schreiben lernen. Rowohlt.

Rieber, C. (2006). Slam-Poetry als literarischer Genre: Versuch einer einheitlichen Klassizifizierung der beim Poetry Slam vorgetragenen Texte (Doctoral dissertation).

Riedel, M. (2010). Slam Poetry–interkulturell. Temeswarer Beiträge zur Germanistik, 35-66.

Sally, P. (1984). Springer/Georg Deutsch: Linkes und rechtes Gehirn. Spektrumverlag Heidelberg.

Salsflausen, N. (Hrsg.) (2017). Afterwork mit Sisyphos. Alte Mythen, neue Texte im Poetry Slam. Satyr Verlag.

Samonig, S. (2010). Checker dichten! Poetry Slam mit Jugendlichen. Berlin: RabenStück.

Schiefele, U., Artelt, C., Schneider, W., & Stanat, P. (Eds.). (2013). Struktur, Entwicklung und Förderung von Lesekompetenz: Vertiefende Analysen im Rahmen von PISA 2000. Springer-Verlag.

Schmidt-Prestin, R. (2014). Poetry Slam als geeignetes Mittel zum Erlernen und Erproben von Textbewertung im Unterricht?

Schöne, A. (2009). Poetry Slam. Ein demokratisch-interaktives Performance-Format in Zeiten der neuen Medien, München, GRIN Verlag.

Schuster, K. (1998). Mündlicher Sprachgebrauch im Deutschunterricht. Denken - Sprechen - Handeln; Theorie und Praxis. Baltmannsweiler: Schneider-Verl. Hohengehren (Deutschdidaktik aktuell, 2).

Schütz, X. A. (2012). Slam Poetry mit Grundschulkindern. Buxtehude: Persen.

Schütz, Xó. A. (2011). Slam Poetry. Eigene Texte verfassen und performen. Buxtehude: Persen.

Sekretariat der Ständigen Konferenz der Kultusminister der Länder in der Bundesrepublik Deutschland (Hrsg.) (2004): Beschlüsse der Kultusministerkonferenz. Bildungsstandards im Fach Deutsch für den Mittleren Schulabschluss. Bildungsstandards München: Wolters Kluwer Deutschland GmbH.

Smith, M. K., & Kraynak, J. (2004). The complete idiot's guide to slam poetry. Indianapolis: Alpha Books.

Spinner, K. H. (1980). Identitätsgewinnung als Aspekt des Aufsatzunterrichts.

Spinner, K. H. (1984). Umgang mit Lyrik in der Sekundarstufe I.

Spinner, K. H. (1988). Kreatives Schreiben und literaturwissenschaftliche Erkenntnis. In: Rau, H. (Hrsg.) (2015). Kreatives Schreiben an Hochschulen. Berichte, Funktionen, Perspektiven, S. 79-87. Universität Augsburg.

Spinner, K. H. (1993). Kreatives Schreiben.

Spinner, K. H. (2005). Der standardisierte Schüler. na.

Spinner, K.H. (2010). Kreativer Deutschunterricht. Identität, Imagination, Kognition. Praxis Deutsch.

Stahl, E. (2003). Trash, Social Beat und Slam Poetry. Eine Begriffsverwirrung. na.

Steiner, A. (2007). Anders schreiben lernen: von der Gegenwart zur Zukunft des Schreibunterrichts-ein Konzept zur Entwicklung und Förderung schreibstrategischer Kompetenzen in der Sekundarstufe. Schneider-Verlag Hohengehren.

Streblow, L. (2004). Zur Förderung der Lesekompetenz. In: Schiefele, U. , Atelt,

Thiele, S. (2012). Didaktik der romanischen Sprachen. Praxisorientierte Ansätze für den Französisch, Italienisch, und Spanischunterricht. Berlin/Boston: De Gruyter.

Ulrich, W. (2001). Fachdidaktik, Schriftspracherwerb, mündlicher Sprachgebrauch. 1. Aufl. Stuttgart: Klett (Schulpädagogik, Texte, Materialien, Reflexionen / Winfried Ulrich ; Bd. 1).

Völkerling, A. (2017). Johann Heinrich Pestalotzzi. Deutsches Institut für Internationale Pädagogische Forschung. (Abrufbar unter: www.bildungsserver.de/Johann-Heinrich-Pestalozzi-5285-de.html, Datum: 25.04.2018, 12:30).

Wagner, R. W. (2006). Mündliche Kommunikation in der Schule (Vol. 2810). UTB.

Warwitz, S., & Rudolf, A. (1977). Das Prinzip des mehrdimensionalen Lehrens und Lernens. Dies.: Projektunterricht. Didaktische Grundlagen und Modelle. Verlag Hofmann. Schorndorf, 15-22.

Warwitz: Die Ergänzungsbedürftigkeit des Sportunterrichts. In: Ders.: Interdisziplinäre Sporterziehung. Didaktische Perspektiven und Modellbeispiele fachübergreifenden Unterrichts. Schorndorf 1974. S. 40–52).

Westermayr, S. (2010). Poetry Slam. Marburg: Tectum.

Willrich, A. (2010). Poetry Slam in Deutschland: die Sprache, die Slam-Kultur, die mediale Präsentation, die Chancen für den Unterricht. Paderborn: Lektora.

Wirag, L. (2012). Zeitgenössische Formen informeller Literaturvermittlung. In: Vanessa-Isabelle Reinwand u.a. (Hg.): Handbuch Kulturelle Bildung. kopaed, München S. 485–488. (abrufbar unter www.kubi-online.de/node/3343, Datum des Aufrufs: 05.05.2018, 14:10).

Sonstige Internetquellen

www.u20slam2017.de (aufgerufen am 19.4.2018, 11:45 Uhr)

www.youtube.com/watch?v=zSmPGrFTe28 (aufgerufen am 18.06. 2018, 20:24 Uhr)

10 Materialverzeichnis: Analyseraster zur Beurteilung von Poetry Slam-Performances

Das Analyseraster soll die kriterienorientierte Sichtung, Analyse und Bewertung des Poetry Clips unterstützen. Anders schlägt ebenfalls Impulsfragen zur Analyse und Bewertung vor, an denen sich das Raster teilweise orientiert (vgl. Anders 2012, S. 267-299ff.). Ein Analyseraster kann beispielsweise folgendem Schema folgen:

Inhalt/Text:	Sprache:	Performance:	Deine Meinung:	Sonstiges:	Gesamtpunkt zahl
Titel des Textes Gibt es eine Anmoderation? Wie wirkt sie? Welchen Bezug hat der Titel zum Text?	Welche sprachlichen Mittel waren besonders auffällig? Kamen Alliterationen/ Anaphern. Metaphern. Parellismen. Wiederholungen/ rhetorische Fragen vor? Was noch?	Paraverbale/Non- verbale Mittel Setzt der Sprecher Gestik und Mimik/ paraverbale Mittel gekonnt ein?	Kannst du dich mit dem Thema des Textes identifizieren?	Was fandest du gut/schlecht?	Deine Punktewertung (zwischen 1 und -10):
Thema des Textes Schlüsselbegriffe Alltagsthemen? Ist das Thema besonders originell?	Wie könnte man das Sprachregister beschreiben? Kamen Umgangs- oder Jugendsprache. Dialekte oder Fremdwörter vor?	Bühnenpräsenz Wie tritt der Sprecher auf? Welche Wirkung hat das?	Ist der Text originell/aktuell?	Was würdest du verbessern/anders machen?	
Wer spricht im Text? (Welcher Erzähler?)	Welche paraverbalen	Wirkt die Performance	Wird die Absicht des Sprechers	Was würdest du dem Slammer antworten?	
Wen spricht der Text an? (Welchen Adressat?)	Mittel werden eingesetzt? (Betonung. Sprachmelodie. Pausen)	unterstützend im Hinblick auf den Text?	deutlich?		
Gibt es intertextuelle Bezüge?	War der Text eher appellativ. informativ oder erzählend?	In welcher Beziehung stehen Sprecher und Performerpersönlich keit?	Regt dich der Text zum Nachdenken an?		
Welchem Genre/Gattung würdest du diesen Text zuordnen?	Welche Stimmung würdest du der Erzählhaltung geben?	Welche Emotionen hat der Sprecher beim Sprechen verwendet (z.B. melancholisch. pathetisch. fröhlich. traurig. nachdenklich. amüsiert?)	Hat der Text dich überzeugt? Warum?		

11 Materialverzeichnis: Das Video „Was tun wir hier eigentlich?" von Jule Weber

www.youtube.com/watch?v=zSmPGrFTe28